复旦大学中外现代化进程研究中心
CENTER FOR COMPARATIVE STUDIES OF MODERNIZATION, FUDAN UNIVERSITY

近代中外交涉史料丛刊

外交辯難

蔡钧 撰

张晓川 整理

近代中外交涉史料丛刊

第一辑

复旦大学中外现代化进程研究中心　主编

编委会成员（以姓氏拼音排序）

本辑执行主编：张晓川

蔡钧像

（图片由"旧影志"工作室徐家宁先生提供）

《外交辩难》封面书影

总　序

梁启超在 20 世纪初年撰《中国史叙论》,将乾隆末年至其所处之时划为近世史,以别于上世史和中世史。此文虽以"中国史叙论"为题,但当日国人对于"史"的理解本来就具有一定的"经世"意味,故不能单纯以现代学科分类下的史学涵盖之。况且,既然时代下延到该文写作当下,则对近世史的描述恐怕也兼具"史论"和"时论"双重意义。任公笔下的近世史,虽然前后不过百来年时间,但却因内外变动甚剧,而不得不专门区分为一个时代。在梁启超看来近世之中国成为了"世界之中国",而不仅仅局限于中国、亚洲的范围,其原因乃在于这一时代是"中国民族连同全亚洲民族,与西方人交涉竞争之时代"。不过,就当日的情形而论,中国尚处于需要"保国"的困境之中,遑论与列强相争;而面对一盘散沙、逐渐沦胥的亚洲诸国,联合亦无从说起,所谓"连同"与"竞争"大抵只能算作"将来史"的一种愿景而已。由此不难看出,中国之进入近世,重中之重实为"交涉"二字。

"交涉"一词,古已有之,主要为两造之间产生关系之用语,用以表示牵涉、相关、联系等,继而渐有交往协商的意思。清代以前的文献记载中,鲜有以"交涉"表述两个群体之间的关系者。有清一代,形成多民族一统的大帝国,对境内不同族群、宗教和地域的治理模式更加多元。当不同治理模式下的族群产生纠纷乃至案件,或者有需要沟通处理之事宜时,公文中便会使用"交涉"字眼。比如"旗民交涉"乃是沟通满人与汉人,"蒙民交涉"或"蒙古民人交涉"乃是沟通蒙古八旗与汉人,甚至在不同省份或衙门之间协调办理相关事务时,也使用了这一词汇。乾隆中叶以降,"交涉"一词已经开始出现新的涵义,即国与国之间的协商。这样的旧瓶新酒,或许是清廷"理藩"思维的推衍与惯性使然,不过若抛开朝贡宗藩的理念,其实质与今日国际关系范畴中的外交谈判并无二致。当日与中国产生"交涉"的主要是陆上的邻国,包括此后被认为属于"西方"的沙俄,封贡而在治外的朝鲜与服叛不定的缅甸等国。从时间上来看,"交涉"涵义的外交化与《中国史叙论》中的"乾隆末年"基本相合——只是梁启超定"近世史"开端时,心中所念想必是马嘎尔尼使华事件,不过两者默契或可引人深思。

道光年间的鸦片战争,深深改变了中外格局,战后出现的通商口岸和条约体制,致使华洋杂处、中外相联之势不可逆转。故而道咸之际,与"外夷"及"夷人"的交涉开始增多。尤其在沿海的广东一地,因涉及入城问题等,"民夷交涉"蔚然成为一类事件,须由皇帝亲自过问,要求地方官根据勿失民心的原则办理。在《天津条约》规定不准使用"夷"字称呼外人之前一年,上谕中也已出现"中国与外国交涉事件"之谓,则近百年间,"交涉"之对象,由"外藩"而"外夷",再到"外国",其中变化自不难体悟。当然,时人的感触与后见之明毕竟不同,若说"道光洋艘征抚"带来的不过是"万年和约"心态,导致京城沦陷的"庚申之变"则带来更大的震慑与变化。列强获得直接在北京驻使的权力,负责与之对接的总理衙门成立,中外国家外交与地方洋务交涉进入常态化阶段。这是当日朝廷和官员施政新增的重要内容。因为不仅数量上"中外交涉事件甚多","各国交涉事件甚繁",而且一旦处置不当,将造成"枝节丛生,不可收拾"的局面,所以不得不"倍加慎重",且因"办理中外交涉事件,关系重大",不能"稍有漏泄",消息传递须"格外严密"。如此种种,可见从同治年间开始,"中外交涉"之称逐渐流行且常见,"中外交涉"之事亦成为清廷为政之一大重心。

在传统中国,政、学之间联系紧密,既新增"交涉"之政,则必有"交涉"之学兴。早在同治元年,冯桂芬即在为李鸿章草拟的疏奏中称,上海、广州两口岸"中外交涉事件"尤其繁多,故而可仿同文馆之例建立学堂,往后再遇交涉则可得此人才之力,于是便有广方言馆的建立。自办学堂之外,还需出国留学,马建忠在光绪初年前往法国学习,所学者却非船炮制造,而是"政治交涉之学"。他曾专门写信回国,概述其学业,即"交涉之道",以便转寄总理衙门备考。其书信所述主要内容,以今天的学科划分来看大概属于简明的国际关系史,则不能不旁涉世界历史、各国政治以及万国公法。故而西来的"交涉之学"一入中文世界,则与史学、政教及公法学牵连缠绕,不可区分。同时,马建忠表示"办交涉者"已经不是往昔与一二重臣打交道即可,而必须洞察政治气候、国民喜好、流行风尚以及矿产地利、发明创造与工商业状况,如此则交涉一道似无所不包,涵纳了当日语境下西学西情几乎所有内容。

甲午一战后,朝野由挫败带来的反思,汇成一场轰轰烈烈的变法运动,西学西政潮水般涌入读书人的视野。其中所包含的交涉之学也从总署星使、疆臣关道处的职责攸关,下移为普通士子们学习议论的内容。马关条约次年,署理两江的张之洞即提出在南京设立储才学堂,学堂专业分为交涉、农政、工艺、商务四大类,其中交涉类下又有律例、赋税、舆图、翻书(译书)之课程。在张之洞的设计之中,交涉之学专为一大类,其所涵之广远远超过单纯的外交领域。戊戌年,甚至有人提议,在各省通商口岸无论城乡各处,应一律建立专门的"交涉学堂"。入学后,学生所习之书为公法、约章和各国法律,接受交涉学的基础教育,学成后再进入省会学堂进修,以期能在相关领域有所展布。

甲午、戊戌之间,内地省份湖南成为维新变法运动的一个中心,实因官员与士绅的协力。盐法道黄遵宪曾经两次随使出洋,他主持制定了《改定课吏馆章程》,为这一负责教育候补官员和监督实缺署理官员自学的机构,设置了六门课程:学校、农工、工程、刑名、缉捕、交涉。交涉一类包括通商、游历、传教一切保护之法。虽然黄遵宪自己表示"明交涉"的主要用意在防止引发地方外交争端,避免巨额赔款,但从课程的设置上来看包含了商务等端,实际上也说明即便是内陆,交涉也被认为是地方急务。新设立的时务学堂由梁启超等人制定章程,课程中有公法一门,此处显然有立《春秋》为万世公法之意。公法门下包括交涉一类,所列书目不仅有《各国交涉公法论》,还有《左氏春秋》等,欲将中西交涉学、术汇通的意图甚为明显。与康梁的经学理念略有不同,唐才常认为没必要因尊《公羊》而以《左传》为刘歆伪作,可将两书分别视为交涉门类中的"公法家言"和"条例约章",形同纲目。他专门撰写了《交涉甄微》一文,一则"以公法通《春秋》",此与康梁的汇通努力一致;另外则是大力鼓吹交涉为当今必须深谙之道,否则国、民利权将丧失殆尽。在唐才常等人创办的《湘学报》上,共分六个栏目,"交涉之学"即其一,乃为"述陈一切律例、公法、条约、章程,与夫使臣应付之道若何,间附译学,以明交涉之要"。

中国传统学问依托于书籍,近代以来西学的传入亦延续了这一方式,西学书目往往又是新学门径之书。在以新学或东西学为名的书目中,都有"交涉"的一席之地。比如《增版东西学书录》和《译书经眼录》,都设"交涉"门类。两书相似之处在于将"交涉"分为了广义和狭义两个概念,广义者为此一门类总名,其下皆以"首公法、次交涉、次案牍"的顺序展开,由总体而个例,首先是国际法相关内容,其次即狭义交涉,则为两国交往的一些规则惯例,再次是一些具体个案。

除"中外交涉"事宜和"交涉之学"外,还有一个表述值得注意,即关于时间的"中外交涉以来"。这一表述从字面意思上看相对较为模糊,究竟是哪个时间点以来,无人有非常明确的定义。曾国藩曾在处理天津教案时上奏称"中外交涉以来二十余年",这是以道光末年计。中法战争时,龙湛霖也提及"中外交涉以来二十余年",又大概是指自总理衙门成立始。薛福成曾以叶名琛被掳为"中外交涉以来一大案",时间上便早于第二次鸦片战争。世纪之交的 1899 年,《申报》上曾有文章开篇即言"中外交涉以来五十余年",则又与曾国藩所述比较接近。以上还是有一定年份指示的,其他但言"中外交涉以来"者更不计其数。不过尽管字面上比较模糊,但这恰恰可能说明"中外交涉以来"作为一个巨变或者引出议论的时间点,大约是时人共同的认识。即道咸年间,两次鸦片战争及其后的条约框架,使得中国进入了一个不得不面对"中外交涉"的时代。

"交涉"既然作为一个时代的特征,且历史上"中外交涉"事务和"交涉"学又如上所述涵纳甚广,则可以想见其留下的相关资料亦并不在少数。对相关资料进行编撰和整理的工作,其实自同治年间即以"筹办夷务"的名义开始。当然《筹办夷务始末》的主要编撰意图在于整理陈案,对下一步外交活动有所借鉴。进入民国后,王彦威父子所编的《清季外交史料》则以"史料"为题名,不再完全立足于"经世"。此外,出使游记、外交案牍等内容,虽未必独立名目,也在各种丛书类书中出现。近数十年来,以《清代外务部中外关系档案史料丛编》、《民国时期外交史料汇编》、《走向世界丛书》(正续编)以及台湾近史所编《教务教案档》、《四国新档》等大量相关主题影印或整理的丛书面世,极大丰富了人们对近代中外交涉历史的了解。不过,需要认识到的是,限于体裁、内容等因,往往有遗珠之憾,很多重要的稿钞、刻印本,仍深藏于各地档案馆、图书馆乃至民间,且有不少大部头影印丛书又让人无处寻觅或望而生畏,继续推进近代中外交涉相关资料的整理、研究工作实在是有必要的,这也是《近代中外交涉史料丛刊》的意义所在。

这套《丛刊》的动议,是在六七年前,由我们一些相关领域的年轻学者发起的,经过对资料的爬梳,拟定了一份大体计划和目录。复旦大学中外现代化进程研究中心的章清教授非常支持和鼓励此事,并决定由中心牵头、出资,来完成这一计划。以此为契机,2016年在复旦大学召开了"近代中国的旅行写作、空间生产与知识转型"学术研讨会,2017年在四川师范大学举办了"绝域輶轩:近代中外交涉与交流"学术研讨会,进一步讨论了相关问题。上海古籍出版社将《丛刊》纳入出版计划,吕瑞锋先生和乔颖丛女士等为此做了大量的工作。由于发起参与的整理者大多是研究者,所以大家都认为应该本着整理一本,深入研究一本的态度,这一态度也可以在每一种资料的研究性前言中得以体现。《丛刊》计划以十种左右为一辑,陆续推出,我们相信这将是一个长期而有意义的历程。

张晓川

整理凡例

一、本《丛刊》将稿、钞、刻、印各本整理为简体横排印本,以方便阅读。

二、将繁体字改为规范汉字,除人名或其他需要保留之专有名词外,异体、避讳等字径改为通行字。

三、原则上保持文字原貌,尽量不作更改,对明显讹误加以修改,以〔 〕表示增字,以( )表示改字,以□表示阙字及不能辨认之字。

四、本《丛刊》整理按照国家标准标点符号用法,进行标点。

五、本《丛刊》收书类型丰富,种类差异较大,如有特殊情况,由该书整理者在前言中加以说明。

目　录

前　言

　　蔡钧在晚清史上,不是显山露水的重要人物,但他又与近代史上一些重要事件或者宏大叙事有所联系,故而也非籍籍无名之辈。正因为如此,如今学术界既有研究所展现出的蔡钧,相对而言是片段式的,主要集中在三个方面。从时间的先后顺序来说,首先是光绪初年,蔡钧作为参赞随郑藻如出使美国、西班牙、秘鲁三国,并实际主持驻西公使馆工作之出使时期。更为学者们重视的是根据这段经历,蔡钧编写了两本与出使相关的著作:《出洋琐记》和《出使须知》。权赫秀从韩国藏本的角度出发,对两书作了基本的分析,主要是介绍其内容以及序言作者王韬等,关于蔡钧个人生平情况,仍旧是模糊的,甚至有一些错误①。另外,《走向世界丛书(续编)》在 2016 年出版,将两书合为一册,正文前有署名"穆易"者撰写的叙论,主要也是对两书内容梗概的复述②。其次是 19 世纪末蔡钧

---

① 权赫秀:《研究近代中国对外关系史的一部珍贵史料——蔡钧著〈出使须知〉之韩国藏本评介》,《韩国学论文集》2003 年第 2 期。权赫秀:《晚清中国与西班牙关系的一部罕见史料——蔡钧著〈出洋琐记〉韩国藏本及其内容评介》,《社会科学研究》2012 年第 3 期。涉及蔡钧《出使须知》一书的讨论,还可见蔡明纯:《晚清海外旅行"须知"的问世与近代中国旅行文化:以袁祖志〈出洋须知〉与蔡钧〈出使须知〉为中心》,《台湾史学杂志》第 22 期,2017 年。

② 穆易:《与西班牙外事交往的早期记录》,蔡钧:《出洋琐记》,长沙:岳麓书社,2016 年。此文作者应该就是编辑杨云辉,见杨云辉:《与西班牙外事交往的早期记录》,《书屋》2017 年第 11 期。

在两江，尤其是上海道任上参与的一些重大事件，部分相关研究有所提及。比如戊戌政变期间在沪布置对康有为的抓捕，第二次四明公所事件，以及一些其他华洋纠纷等等①。再次则是20世纪初，蔡钧担任出使日本大臣，在任职期间参与中日外交和留日学生事务等。特别是1902年成城学校入学风波，一般与留日学生的其他活动一起，被纳入广义的"辛亥革命史"的范畴而受到学界重视。事件的矛盾双方——蔡钧和学生，也多被视作是保守—革命的旧、新对立势力的代表②。蔡钧这样"片段式呈现"的历史人物，一方面自然是因为其一生只是一些重大事件的参与者，可供呈现的"亮点"有限，不足贯通，另一方面则是后来的研究者相对考究不深，未能得其生平大概。

生平概况

关于蔡钧生平，最显含糊的恰恰是最基础的信息：籍贯和生卒年月。以近代史或历史人物命名的工具书，"蔡钧"条目中基本上都说其是浙江仁和人，而生卒年则全不详。权赫秀与杨云辉根据《出洋琐记》《出使须知》上蔡钧的自称"燕山下士"等，判定其为"燕山籍"、"燕山出身"或"燕山人"③。其实，燕山根本不是清代

---

① 葛夫平：《第二次四明公所案与上海法租界的扩界》，《历史研究》2017年第1期。周松青：《大东惠通银行股份案始末》，《近代中国》第10辑，上海社会科学院出版社，2000年。孔祥吉、村田雄二郎的《解读早期中日交涉的原始记载——中岛雄〈往复文书目录〉研究述略(下)》用了不少篇幅叙述蔡钧被劫私自买米事，并认为蔡钧实有其罪而被包庇，载《福建论坛(人文社会科学版)》2009年第5期。
② 刘珊珊：《清末成城学校入学风潮述论》，《徐州师范大学学报(哲学社会科学版)》2009年第2期。
③ 权赫秀：《研究近代中国对外关系史的一部珍贵史料——蔡钧著〈出使须知〉之韩国藏本评介》，第72页。穆易：《与西班牙外事交往的早期记录》，前言第18页。

地名,只是古雅的旧时称谓,故而燕山人或燕山籍的说法并不合适。光绪十年(1884)即中法战争时期,蔡钧曾经上折"敬呈管见",因其无上奏资格,需要代递。在请求代奏的呈文中他对自己的基本情况有一叙述,其乃直隶顺天府大兴县人,原籍江西南安府上犹县①。因大兴县在宋代隶属燕山府,固有"燕山"之雅称。不过,光绪三十三年蔡钧被查办之时,有传闻说他本是江西人,为了"出仕"所以"托籍于顺天大兴"而已②。在差不多同时,蔡钧自撰了一份类似罢官后的辩解书,其中又提到其家族在"京师寄籍已历四世,亲戚故旧咸在一城"③。同样,在上述代奏呈文中,蔡钧自述"年三十五岁",如按照中国人的习惯,光绪十年称三十五岁,则大概出生于道光三十年(1850)。关于蔡钧的晚境和去世,可以从一份公文中得到更精确的信息。光绪三十四年五月,护理江西巡抚沈瑜庆附片奏称:

> 前内阁侍读学士蔡钧,奉谕旨交原籍地方官严加管束。光绪三十三年十月十三日到籍,当经出具印、甘各结,详咨在案。兹于三十四年四月初八日,因病身故。④

---

① 蔡钧:《为敬陈管见折恳请代奏事呈文》(光绪十年),第一历史档案馆藏军机处录副,档案号:03-5680-108。蔡钧籍贯"浙江仁和"的提法有些奇怪,按照他自己在呈文中所说,籍贯和原籍都很清楚,应该不会有错。值得一提的是清代前期也有一个蔡钧,是浙江萧山人,曾编撰过《诗法指南》,不知两者有何联系,见江庆柏:《清代人物生卒年表》,北京:人民文学出版社,2005年,第808页。
② 《纪查办蔡钧之历史》,《顺天时报》1907年9月26日第7版。
③ 蔡钧:《誓天纪实》,该件藏国家图书馆,撰写时间为光绪丁未(1907),形制类似奏折,无页码。
④ 沈瑜庆:《奏报奉旨交籍管束前内阁侍读学士蔡钧病故日期事》(光绪三十四年五月十八日),第一历史档案馆藏朱批奏折,档案号:04-01-26-0093-135。

如此则蔡钧身故的日期和原因非常明确,乃在光绪三十四年四月初八日,因病去世,时年五十九岁。

蔡钧很有可能从小是在广东长大的①,不过他青少年生活和接受教育的情况,并不很清楚。从现有材料来看,他为顺天监生出身②,这恐怕是通过手段捐纳而来的。至迟在同治末年,蔡钧已经在广东开始崭露头角,有事迹可寻了。首先是王韬在光绪十一年为蔡钧两本著作写跋语时,开门见山,第一句话即是"蔡太守和甫,十余年前旧交也"③。王韬于同治元年出奔香港常驻,两人的相识应该在粤港地区,既然光绪十一年说十余年前相交,则自然可上溯至同治末年。其次,蔡钧本人曾经回忆起在广州经历的一场龙卷风:"同治十二年八月十三日下午,省河白鹅潭发蛟,是日西关住户倒塌者数千家,毙者不下二万人……是日,本道乘舆西关拜客,稍迟数步亦被倒房相压。"④最后,王韬跋文提及蔡钧在广东"创设药局",曾邀自己参与,且蔡乃是"典质"家产以成之,可见"勇于为善"⑤。此事蔡钧也曾提起过,即"施医舍药,确系本道素来嗜好……借贷倡一医院于南关大巷口,名曰寿世堂,迄今念有四年

---

① 吕海寰:《奏为前出使日本大臣蔡钧通习西语有守有为恳请召见破格任用事》(光绪三十三年四月二十五日),第一历史档案馆藏军机处录副,档案号:03-5482-075。
② 《奏稿照登》,《申报》1890年5月2日第2版。
③ 《王韬跋》,蔡钧:《出洋琐记》,第97页。
④ 蔡钧:《外交辩难》卷四,光绪乙巳(1905)铅活字本,叶5。根据一份珠三角风灾记录年表,同治十二年八月十三日广州的确遭遇飓风,见赵绍祺、杨智维修编:《珠江三角洲堤围水利与农业发展史》,广州:广东人民出版社,2011年,第458页。不过依照蔡钧的描述,更像光绪四年三月初九日的情况,即"申刻,白鹅潭猝起烈风,覆舟数百艘,溺毙人口无算,城西民舍倾塌一千五百余家",以及"午间,天际有黑气如龙,下垂于广州城外之白鹅潭",见《(宣统)番禺县志》卷四二,卷四四,民国二十年重印本,叶3,叶8。不知是否蔡钧将两次风灾的情况记混了。
⑤ 《王韬跋》,蔡钧:《出洋琐记》,第97页。

矣"①。此番话说于光绪二十四年(1898),则蔡钧来到广东,应在光绪元年以前。

同治末年,蔡钧不过是个二十出头的青年。按照他在《出使须知》中的说法是"筮仕粤东,需次穗垣,应官听鼓者亦既有年",即在粤东踏上仕途,在省城广州为官。在广州,他逐渐得到上峰的青睐,"蒙上司称之曰能",进而屡屡被交付不易处理的复杂任务。也正是在这段仕宦生涯中,其开始被委派办理中外交涉事宜,并且展现出一定的手段和能力,办事"未尝辱命"②。蔡钧所说的"上司",应该是光绪初年的两广总督刘坤一。光绪三年正月,蔡钧即受时为两广总督兼粤海关监督的刘坤一委派,前往连接香港的汲水门,总办税务。他到任后发现,经常有船只挂着英国国旗,拒绝中国海关方面的盘查,强行闯关进行走私活动,中方人员亦无可奈何。蔡钧旋即往晤香港总督轩尼诗,要求港方提醒船户必须接受盘查,收到了良好的效果③。同年十一月,又因港澳六处厘厂④添收杂税,英方要求裁撤之。蔡钧又受刘坤一和粤海关监督俊启委派,前往香港与轩尼诗谈判,以停收影响香港地区食品供应的牛羊肉税收为妥协,保留了六厂⑤。蔡钧在此时的对外活动中,已经取得了一些声望,也获得了西人的认可,曾因办事认真而收到"金表、银笔"的馈赠。此外,在内部事务方面,他还因持平公正,成功解决

---

① 蔡钧:《外交辩难》卷四,叶5。
② 蔡钧:《出使须知》,《出洋琐记》,第69页。
③ 蔡钧:《外交辩难》卷一,叶1—2。
④ 同治十年所设收厘金之厂,六厂分别位于新安县靠近香港之汲水门、长洲、佛头洲、九龙和香山县靠近澳门之小马溜洲、前山。参见长有:《奏为九龙拱北两关常税仍归粤关开销免其报解事》(光绪十五年十月二十五日),第一历史档案馆藏朱批奏折,档案号:03-6370-031。
⑤ 蔡钧:《外交辩难》卷一,叶2—3。

了高明沙田和新会钧台的宗族矛盾，阻止了可能发生的大械斗①。因此在次年，一份分发人员验看名单上，便出现了"通判蔡钧顺天广东"的字样②。

蔡钧在粤的"廉明敏干"和善于与西人交涉，为广东香山人郑藻如所知，于是奏调其随同出使美、西、秘，并常驻西班牙③。在马德里期间，蔡钧学习了西班牙语，且"酬应日国部院官绅"，相处比较融洽④。有时，他出席活动及与西班牙各方人士谈话的消息，也会传回国内，报道盛赞"蔡君谦以持己，和以接物，而于西国各土音，多所通晓，彼此会晤，靡处言语不达，情谊弗洽也"⑤。无奈因身体原因，咳血久病未愈，故而再三禀请回国，终获准。据说当日西班牙方面还颇多不舍：

> 日都部院爵绅一闻是耗，咸惜其去，拟发公函请留驻西都调摄，挽留至再至三，君皆婉言辞之。启程时，送行者车马络绎不绝于道，部院爵绅咸至轮车握手执别，皆叹君何来之迟而去之速也。君既登程，犹纷纷登诸日报，冀其再来。⑥

蔡钧曾自谓回国后，与西班牙贵族、官员仍有联系，"时相致信"

---

① 《客官过境》，《申报》1881 年 7 月 2 日第 2 版。
② 《分发人员验看名单》，《申报》1878 年 11 月 5 日第 4 版。蔡钧本人当然早已在广东，此处只是吏部确认蔡钧可以"通判"继续分发广东听委而已。此名单亦可证明蔡钧官方籍贯为顺天府。
③ 《委任得人》，《申报》1884 年 7 月 5 日第 11 版。
④ 《出使须知自序》，蔡钧：《出洋琐记》，第 66 页。此处"日国"即西班牙，时译日斯巴尼亚。
⑤ 《立言得体》，《申报》1883 年 11 月 11 日第 2、3 版。
⑥ 《委任得人》，《申报》1884 年 7 月 5 日第 11 版。

云云①。

　　蔡钧于光绪十年三月十一日抵达香港,四月到达广州②,随即为署理两江总督曾国荃奏调。蔡钧似乎回国后身体即康复了,也不再提及咳血之事,迅即赶赴南京,向曾国荃大谈洋务、交涉等,并进呈了《出洋琐记》《出使须知》二书,请其作序③。曾国荃此时署理两江,接替左宗棠布置东南防务,以备法国的战争威胁,故对蔡钧的到来也很感得力,便委派其办理"金陵机器制造营防支应局"事务④。同年闰五月中旬,随着中法关系的进一步紧张,京畿防务吃紧,清廷急调江宁将军善庆"乘坐轮船迅速来京"⑤。善庆进京前,因得知蔡钧曾出使海外,对洋务颇有见地,故而向曾国荃请求将蔡钧携至京师,随同自己在神机营办事⑥。光绪十一年七月初四日,"广东候补通判"蔡钧又根据太后懿旨"交〔总〕理各国事务衙门差遣委用"⑦。进入总署后,蔡钧被任命为同文馆帮提调,负责监督统筹同文馆各项事宜:

　　蔡和甫司马于七月中入署,谒见庆邸及各堂官后,初拟派为管

①　蔡钧:《外交辩难》卷四,叶12。关于蔡钧的出使生涯,前引权赫秀、杨云辉文已述,不赘。
②　蔡钧:《出洋琐记》,第40—41页。关于蔡钧的随同出使和提前回国,时人别有说法,即:"蔡钧原籍江西,与总理衙门参撤之章京张赓扬(飑)认为同乡,由张赓扬(飑)嘱荐郑藻如派充出使随员。因其在日斯巴呢亚国署理参赞时,与洋人屡邀茶会,踪迹太密,情谊太亲,恐其别生事端,遂托言该员不服水土,咨送回华。"参见延茂:《奏为请饬总理衙门委员蔡钧交出自著刊布出洋琐记等书事》(光绪十一年十一月二十六日),第一历史档案馆藏军机处录副,档案号:03-5684-058。
③　曾国荃:《出使须知序》,蔡钧:《出洋琐记》,第63—64页。
④　《委任得人》,《申报》1884年7月5日第11版。
⑤　《京报全录》,《申报》1884年8月26日第9版。
⑥　蔡钧:《出洋琐记》,第41页。
⑦　奕劻等:《奏请候补通判蔡钧发交南洋差委事》(光绪十二年二月十五日),第一历史档案馆藏军机处录副,档案号:03-5206-056。

股。司马以才力不逮,再三固辞,乃派为同文馆帮提调。盖同文馆学生向由总帮办为提调,无如总帮办公事纷繁,势恐难以兼顾照料周密。庆邸以蔡钧娴熟洋务,故有是谕。司马自补帮提调后,即入总署住宿,诚以此职有督课之责,所任非轻。以司马才干既优,阅历又深,必能处之裕如。若他日命以出洋,或专任以交涉事件,当必益能自见所长耳。①

十一年九月间,郑藻如的继任者张荫桓曾经想调蔡钧再次出洋,随同他出使美、西、秘,如若成行,职位当在“参赞、领事之列”②。不过不久后传来消息,醇亲王因蔡钧“精明干练,熟悉洋务”,所以欲将其“特派在海部行走”,即进入筹备中的海军衙门,故再次出使“美、日、秘之行,已作罢论”③。

然而,尚未调入海军衙门,光绪十二年初,总署大臣奏陈,军机大臣奉旨,仍将蔡钧“发交南洋大臣两江总督曾国荃差遣委用,俾资历练”④。接旨后的蔡钧,次月即回到南京,继续在曾国荃手下办理洋务事宜,似乎并未太受影响,依旧如鱼得水,官衔节节高升。回南京后不久,即报捐了知府,次年末加捐道员,光绪十五年,又得曾国荃奏请,以候补道分发江苏补用⑤。另一方面,蔡钧擅长地方洋务和对外交涉的能力,同样让善庆念念不忘,光绪十四年,出任福州将军的他也奏调蔡钧“来闽办理通商事务”。未几,善庆殁于

① 《提调得人》,《申报》1885年9月13日第2版。
② 《出使多才》,《申报》1885年10月10日第2版。
③ 《因材器使》,《申报》1885年10月26日第2版。
④ 奕劻等:《奏请补通判蔡钧发交南洋差委事》(光绪十二年二月十五日),第一历史档案馆藏军机处录副,档案号:03-5206-056。
⑤ 曾国荃:《奏为候选道员蔡钧谙习地方洋务请旨分发江苏补用事》(光绪十五年十一月二十六日),第一历史档案馆藏军机处录副,档案号:03-5256-046。

任,其继任者希元等见曾国荃保奏蔡钧以道员在江苏补用,亦上奏
要求:

> 曾国荃为南洋钦差大臣,闽省属在南洋,曾国荃本不分畛域,
> 此数年中该员蔡钧往来江苏福建,办理两地通商事务,均无贻误。
> 嗣后闽省如有华洋交涉难结事件,容臣等电知两江总督仍饬该员
> 赴闽办理,俾资襄助。①

该片有如抢人,却也能充分说明蔡钧的处事能力与受重视程度,朱
批"知道了"后,蔡钧仍然维持在苏、闽两省多地的奔波,其状
如下:

> 蔡和甫观察自旧腊从闽中至江宁小住行旌。现闻奉到下颂帅
> 电音催其速回闽中,办理中外交涉事件,因福安、福宁两处民教不
> 靖,颇有龃龉,须急为之料也。观察略抱清恙,得信后即日就道,
> 已由金陵驰抵上海,不日航海而南,力疾从公,弗辞况瘁,真可谓王
> 事贤劳矣。闻前日京江一役,当事者先派和甫观察前往查办,因有
> 闽中之行,故不及也。②

光绪十六年末,刘坤一接任两江总督,作为蔡钧的老上司,当
然仍旧多有委重,亦在保举上多有照顾。先是在光绪十八年江苏

---

① 希元等:《奏为华洋交涉难结事容臣电知两江总督仍饬补用道员蔡钧赴闽办理请
旨事》(光绪十六年四月二十日),第一历史档案馆藏军机处录副,档案号:03-
5265-019。
② 《秣陵春语》,《申报》1889年5月2日第2版。

候补班人员甄别考语中，评价蔡钧"才具优长，办事勤奋"①。次年，又专折特保蔡钧：

> 臣前在两广总督任内，即知该员才可有为，历试有效，此次承乏南洋，所委办理洋务人员，惟该道最为得力……臣既有所见，不敢壅于上闻，倘蒙天恩俯赐录用，或备出使之选，或仍交军机处存记，遇有洋务省份道员缺出，请旨简放，必能殚竭血忱，力图报称，仰副圣主加意人才，维持时局之至意。②

该折奉朱批"着照所请"，表示认可，故而当日有传闻蔡钧又将奉旨出洋，担任驻德、俄等国大臣③。不过终究没有成行，仍旧留在两江办理洋务等事。光绪二十年，蔡钧曾短暂署理过常镇通海道④。此后曾两次前往北京⑤。光绪二十三年八月，苏松太道刘麒祥因病出缺，刘坤一上奏：

> 查有江苏候补道蔡钧，才识明干，体用兼资，曾署常镇通篆，措置裕如，中外翕服，历办要案，均能不激不随，动中窾要，实为监司中不可多得之员，委署斯缺，洵属人地相宜。⑥

① 刘坤一：《奏为补用道蔡钧等期满甄别事》（光绪十八年五月二十九日奉朱批），第一历史档案馆藏军机处录副，档案号：03-5292-086。
② 刘坤一：《奏为特保江苏候补道蔡钧办理洋务得力请录用等事》（光绪十九年五月二十四日），第一历史档案馆藏朱批奏折，档案号：04-01-12-0559-026。
③ 《简在帝心》，《申报》1893年9月26日第2版。
④ 《莺迁志喜》，《申报》1894年2月27日第2版。
⑤ 一次是乙未年（1895），一次是丁酉年（1897），为护送俄国特使吴克托穆进京。分别见绰哈布、桂祥《外交辩难序》以及蔡钧《誓天纪实》。
⑥ 《光绪二十三年十月初二日京报全录》，《申报》1897年11月9日第9版。

后蔡钧果然担任上海道,直到两年后,因上海租界扩展问题,被西方公使施压去职,由李光久取代①,在仕途和职事上有一阵短暂的空白②。随即己亥建储、庚子事变接踵而至,华洋交涉更加棘手,蔡钧亦参与到东南互保之局及具体的交涉事件中③。光绪二十七年五月十九日,西安行在发出上谕:"前江苏苏松太道蔡钧,着以四品京堂候补,充出使日本国大臣。"④年底,又补授内阁侍读学士⑤。在日本,由于发生了成城学校之风波,蔡钧几乎成为众矢之的,未期满即于光绪二十九年九月回国⑥,回到本职当差,自谓"曝值内阁,职务清简"⑦。光绪三十一年初,蔡钧以回籍修缮祖坟为由,上奏要求请假三月,到期后又请求续假两个月⑧。假满之后,他又称病要求开缺,获得了批准⑨。此后,蔡钧应该在北京居住,不过他显然并不甘于就此致仕,继续各种活动。光绪三十三年四月,吕海寰还曾上奏折保荐其当被"破格任用"⑩。数月后,蔡钧即被勒令

① 《上海公共租界史稿》,上海人民出版社,1980年,第473页。
② 蔡钧的《外交辩难》中记录刘坤一曾对他说过这样一段话:"尔开缺沪道时,我忿极,急欲将尔保送引见,尔不愿意,嗣欲奏留,尔仍见拒。"故而蔡钧当时的状态,应该是没有新缺。
③ 戴海斌:《"东南互保"之另面——1900年英军登陆上海事件考释》,《史林》2010年第4期。蔡钧:《外交辩难》卷四等。
④ 《奉旨蔡钧着以四品京堂候补充出使日本国大臣事》(光绪二十七年五月十九日),第一历史档案馆藏电报,档案号:1-01-12-027-0349。
⑤ 蔡钧:《奏为奉旨补授内阁侍读学士谢恩事》(光绪二十八年正月二十一日),第一历史档案馆藏军机处录副,档案号:03-5414-005。
⑥ 蔡钧:《为呈递告辞国书并定期回国事》(光绪二十九年九月初八日),第一历史档案馆藏电报,档案号:2-04-12-029-0749。
⑦ 蔡钧:《自序》,《外交辩难》,叶6。
⑧ 诚勋:《奏为内阁侍读学士蔡钧回籍修墓工程未完代请续假两个月事》(光绪三十一年七月二十九日),第一历史档案馆藏朱批奏折,档案号:04-01-13-0411-031。
⑨ 周馥:《奏为代奏内阁侍读学士蔡钧假满抵上海病势增剧请准开去底缺事》(光绪三十一年),第一历史档案馆藏朱批奏折,档案号:04-01-12-0642-174。
⑩ 吕海寰:《奏为前出使日本大臣蔡钧通习西语有守有为恳请召见破格任用事》(光绪三十三年四月二十五日),第一历史档案馆藏军机处录副,档案号:03-5482-075。

回籍,交地方官严加管束,直至去世。

蔡氏风格与交涉记录两种

从蔡钧的生平可以看到,他长期在地方从事"洋务"工作,其中最为主要和为人看重的,仍然是他初出茅庐时,即较为擅长的对外交涉。从前述不少疆臣对于蔡钧的保举和考语来看,自不难看出其地方交涉工作所得到的肯定。若说这些或许是国内的官样文章,未必反映全部实情,那么西人对于蔡钧的评价,恐怕较能补全其形象。

《法兰克福报》的记者高德满(Paul Goldmann)曾经用一整篇文字来记述他眼中的上海道蔡钧,在他看来,这位"上海的掌权者"首先是"有着现代观念的人",这恐怕来源于其在欧洲的外交官经历。蔡钧总是口称自己是"外国人的真正朋友",而且具有非常西方式的外在表现和礼貌方式。在出任上海道后,蔡钧只有在需要办公时才会在华界的道台衙门出现,其他时间都住在位于静安寺路63号的宅邸中。根据高德满的形容,这是一幢具有"瑞士风格"的"乡村别墅"。别墅中的前厅,虽然主要是中式家具,但是如钟表和灯具等不少器物以及陈设布置方式是西式的。一旦进入了"道台的私人住所",让欧洲来客感到非常吃惊的是这里"没有一样中国的东西",接下来出场的侍者端出了完全西方式的点心、酒类和烟招待,不仅使来宾惊呼,如果还"怀疑他不是所有中国官员中最现代之人的话,那可真是严重地丧失理智了"。除了陈设和饮食,蔡道台见西方人的礼仪并非"摇晃自己手"的中国式作揖,而是握手。在双方的交谈中,虽然有翻译居间,但是从德国人的叙述当中明显能感到，蔡钧是具有一定外语基础的，不仅能听懂一些，还能时不时冒出几句来。即便是和没什么实际权力的记者会谈，主题也不是随意的寒暄，而都是现代化和外交的话题。

尽管如此，具有欧洲生活方式和自称洋人之友的蔡钧，绝非一般想象中崇洋媚外、惟洋是从者：

然而，可以看得出来，道台作为外国人的朋友，其情份也是有限制的，一旦他们(外国人)要求从道台那儿得到什么，道台就不再是他们的朋友了。蔡先生的欧洲观念主要引出了这样一种结果，即他非常清楚，每次对欧洲人要求的满足，将会给他们带去多大的价值。因此，他谨慎提防，绝不轻易松口让步。这位具有进步思想的官员是所有北京政府派往上海的代表中最为固执的，欧洲列强与他的前任们打交道，比跟这个"外国人的朋友"容易得多，其前任们都是些很典型的中国官员。

从这段不乏"微词"的评价中，可以发现蔡钧对于在华西人，尤其是西方外交官来说，是一个比所有前任都难对付的角色。他不会轻易答应西人提出的要求，作出让步，甚至"对于在租界管理中只具有一点点发言权是很生气的"，更是可以想见其意欲参与到本非职责范围内的租界事务之作为。实际上德国记者口中的"固执"，恰恰是蔡钧维护国家利益的明证，而这种"固执"又非如不明世情、不知洋务者的"顽固"，而是以手中的权力和心中的外交策略，周旋列强①。

---

① 王维江、吕澍辑译：《另眼相看：晚清德语文献中的上海》，上海辞书出版社，2009年，第175—181页。记者高德满的意思十分清楚，蔡钧在生活、交往模式(转下页)

当然，蔡钧开缺上海道也正是由于他的"固执"。光绪二十四年，上海领事团以租界面积有限，而所居外国人人数激增为由，向蔡钧提出租界扩展计划。蔡钧随后回信拒绝就此相商，"以为最好维持现状"。他的理由有二：首先是上海本来面积不大，外国人有所增加，而"国人且增五倍有余"，且外人亦有居住租界以外者，故"足见外侨人口之多寡，固无于租界面积之大小也"。其次，华界地方的现代化建设也在紧锣密鼓地进行，设警察、建街道、添加照明设施，凡此种种，将"按时推广"①。不久，上海发生了第二次四明公所事件，事件前后蔡钧自谓一方面"迭商法领缓办"，一方面"嘱宁董传谕宁众，无论如何，静候商办"，并"连日与各领调停"②。该年末至次年初，多国驻沪领事皆与蔡钧就拓展租界事进行磋商，无奈"蔡道态度不妥协"，谈判"毫无进展"，势同"搁浅"。据说英、

（接上页）上的西化与观念思想上的现代化都是值得肯定的，不知何以译者还做出如下判断："这位上海道台的海外经历只是一块镀金的招牌，他掌握的欧洲知识，不过局限在西式镂宅、家具比中式舒服，他的外交水准，不过体现在用法文写邀请函、给外国人端上正宗的咖啡而已，而一旦涉及到真正的交涉，他马上就露出马脚，显得傲慢而无知。"王维江：《德语文献里的晚清中国》，《史林挥麈——纪念方诗铭先生学术论文集》，上海古籍出版社，2015年，第325页。对于蔡钧在地方外交实践中的交涉理念策略与水准，下文将详述。另外，蔡钧的西式住宅风格可能是一贯的，孙宝瑄与蔡钧之子相识，曾访其家产，见"廊宇颇深，有欧式屋，颇可居"，见童杨：《孙宝瑄日记》，北京：中华书局，2015年，第1357页。

① S.M.C.'s Annual Report, 1898, p.282.转引自上海市地方志办公室、上海市历史博物馆编：《民国上海市通志稿》，上海古籍出版社，2012年，第1册，第332—333页。

② 《上海蔡道来电》（戊戌六月初一、戊戌六月初二），虞和平主编：《近代史所藏清代名人稿本抄本》第二辑《张之洞档》，郑州：大象出版社，2014年，第14册，第528，532页。值得注意的是，蔡钧在给张之洞的电报中，将不能坚拒法人归咎于沈敦和，恐怕未必是确情，起码沈并不能左右局势。《外交辩难》中亦有此情节，而但称"某观察"，恐为蔡钧习用的叙事策略，下详。关于第二次四明公所案中中法交涉及蔡钧在其中的作用，详见葛夫平前引文，文中称："有学者认为上海道蔡钧在四明公所案交涉中态度软弱，这些都不符合历史事实。"见葛夫平：《第二次四明公所案与上海法租界的扩界》，第68页。又可见傅亮：《刘坤一与第二次四明公所事件》，上海中山学社编：《近代中国（第24辑）》，上海社会科学院出版社，2015年，第255—267页。

美、德等国领事皆称"不能与该道妥商",故而在"北京公使团压迫下",蔡钧被开缺①。其强硬立场和"固执",可见一斑。

蔡钧所处理的地方交涉事务中,四明公所事件和上海租界拓展谈判,已属牵涉较广,影响较大者,故史料遗存稍多。其他一些事件和谈判,原本就是些小事,寂寂无名,或淹于历史尘埃中。幸而他有心作《外交辩难》一种,保存了相关记录。现在所见的《外交辩难》有两个版本:其一是光绪二十年出版的《中外交涉辩论记略》;其二为光绪三十一年出版的《外交辩难》②。

《中外交涉辩论记略》,光绪二十年上海铅活字印本,一册,不分卷。封面题名《辩论记略》,题者为王韬("遯叟"),旁有"甲午秋刊"字样。内版心亦题"辩论记略"四字,卷端则为"中外交涉辩论记略"。只有一篇王韬的序言,写于"光绪甲午夏六月初澣",即1894年刊印前夕。没有跋和其他信息,之后便是正文,起首是书名和"燕山蔡钧和甫著"。全书以具体经手事件为题,共九个章节,每一章节有小标题,分别是:《杜截私船闯关之弊》(1877)、《辩明不撤六厂》(1877)、《会商厦门日国濮领事与地方官争夺人民叶燕满巨款一案》③(1888)、《办理福州美商波不律轮船平潭触

① 上海市地方志办公室、上海市历史博物馆编:《民国上海市通志稿》,第1册,第333—334页。《江督刘坤一致总署沪道蔡钧既奉旨开缺应催李光久速赴任屯电》(光绪二十四年二月初一日),《清季外交史料》,北京:国家图书馆出版社,2015年,第2539页。
② 《中外交涉辩论记略》藏国家图书馆,《外交辩难》藏上海图书馆。
③ 《会商厦门日国濮领事与地方官争夺人民叶燕满巨款一案》第一句从"初七日"开始,毫无年月信息。在《外交辩难》中,此章第一句为"己丑十月初七日",则似当为光绪十五年(1889)秋之事。不过,经查濮领事为濮义剌(Don F. Gomez de Bonilla),曾两次任西班牙驻厦门领事,分别是1888年4月至1889年6月,以及1891年。见故宫博物院明清档案部、福建师范大学历史系合编:《清季中外使领年表》,北京:中华书局,1985年,第164页。又据蔡钧《誓天纪实》言"忽迭奉杨督昌(转下页)

礁一案》①(约 1888)、《办理芜湖教案》(1891)、《办理建宁大洲地
方乡民拆毁医馆凌辱教士一案》②(1892)、《奉委赴镇江会同黄道
商办黄如雨一案》③(1892)、《致驻镇美领事函录存》《办理栖霞紫
金两山教士避暑节略》④(1893、1894)。书末正文结束则有"辩论
记略终"五字。

　　《外交辩难》为光绪三十一年铅活字印本,全书分为四卷,共
两册。封面为蔡钧(闽石山人)自题的"外交辩难"四字,旁有"乙
巳仲冬重梓"字样,版心亦书"外交辩难"。正文之前共有五篇序
言和一篇自序,五篇序言分别是吕海寰、奎俊、绰哈布、桂祥和王韬

（接上页）潘电召,遂赴闽。会下督宝第甫任事,……并厦门日国争财产一案",可
　　知此次交涉发生在闽浙总督易人之际,杨昌濬和卞宝第的交接在光绪十四年九月,
　　则可判断此案发生在 1888 年秋。见杨昌濬:《奏为恭报微臣交卸督篆日期仰祈圣
　　鉴事》(光绪十四年九月初十日),中国第一历史档案馆编:《光绪朝朱批奏折》第
　　五辑,北京:中华书局,1995 年,第 813 页。

①　《办理福州美商波不律轮船平潭触礁一案》中几乎没有提示年月的相关信息,按照
　　《中外交涉辩论记略》的一般习惯,事件以时间排序,大致可得此案在前后案,即
　　1888—1891 之间。另 1888 年春,曾有"美国公司轮船,名'三柏波罗',于本月初三
　　日在横滨装搭客、银洋、货物,开往香港。至初八日天将明时,行至福建海面,触于
　　礁石",颇似此次交涉之缘起。见《轮船触礁》,《申报》1888 年 4 月 22 日第 2 版。

②　《办理建宁大洲地方乡民拆毁医馆凌辱教士一案》第一句为"五月十一日……",无
　　年份信息。根据西方人的记录,建宁教案发生在 1892 年 5 月 11 日,见中国第一历
　　史档案馆、福建师范大学历史系合编:《清末教案》,北京:中华书局,2000 年,第 5
　　册,第 357—359 页。其中提及的"本城首要士绅乔治沛(Chio Chie-Puoi)"即当为
　　蔡钧提到的朱紫佩。另方志中亦记载光绪十八年六月,因私建教堂引发教案,并
　　提及"朱绅紫佩"和"瓯宁县马辰琯"即本章节出现的"朱紫佩"和"马大令"。见民
　　国《建瓯县志》,台北:成文出版社,1967 年,第 243 页。不过本章节又提到蔡钧前
　　往交涉时,正是"费领事"和"胡领事"卸任交接之时,此即英国驻福州领事费笠士
　　(George Phillips)和倭妥玛(Thomas Watters),两人交接当在 1893 年 10 月,见《清季
　　中外使领年表》,第 96 页。故而怀疑本章节蔡钧叙述或有错乱之处。

③　《奉委赴镇江会同黄道商办黄如雨一案》在《中外交涉辩论记略》中以"十一月朔
　　日"开头,并未述及年份,但在《外交辩难》中有:"光绪壬辰十一月朔日。"故当为
　　1892 年。

④　《致驻镇美领事函录存》《办理栖霞紫金两山教士避暑节略》两部分内容当为一事,
　　事涉癸巳、甲午两年。

所写的。其中前四篇应该是专门为《外交辩难》所作,而王韬的序言即前述为《中外交涉辩论记略》所作者。自序中,蔡钧简单回顾了自己的为官经历和苦心建言时务却为人嫉恨之事,并宣称既然"吾言其殆终不行",所以刊刻不过是"敝帚自珍",以之"示子孙"而已。自序之后,是蔡钧"述辑"的《英法各国通商始末考》一篇,这些内容都是《中外交涉辩论记略》所无者。

通过正文的比对可以发现,《外交辩难》一、二卷,即《中外交涉辩论记略》全书内容,篇目完全一致,文字稍有一些出入,皆无关紧要者。三、四两卷所记之事,为《中外交涉辩论记略》刊刻后发生。卷三比较特殊,整卷集中于一事,即蔡钧参与的信隆租船案(1897),而且文字都是记录和文书。该卷首先是《译录会审信隆租船案担律师为被告申辩各词》一章,篇幅较大,基本是法庭辩论之记录,当然不止是中方延请的律师担文辩词,还有原告律师威金生和英国总领事韩能及各证人的口述等。此后是三份司法判决文书,分别是《大清钦差南洋大臣委办信隆控案承审官前署常镇通海道蔡堂谕》《武宁轮船管轮向信隆行控追薪资断偿英刑司堂判》和《香港英臬司判语》。卷四形式则与前两卷类似,基本上是一章叙一事,分别是《告驻沪英美法领事整顿租界巡捕无礼事》(1897)、《记禁米出口过严遭谤事(附创建吴淞验疫医院)》(1898)、《婉辞法总领事荐用法人为中国捕头》(1898)、《译录光绪二十四年闰三月初十日〈字林报〉论修筑马路事》(1898)、《记德国亨利亲王过沪以欧洲各国款待藩王世子例不用黄轿疆臣亦不出境远迎》(1898)、《记力拒法人要索四明公所冢地功败垂成致扩充公共租界事》(1898)、《记力拒各国扩充宝山县租界为人泄言事》(1899)、《庚子之变力请江督保全南洋事略》(1900)、《记坚阻印兵至沪登岸不果事》(1900)。

《外交辩难》所记及其叙述策略

《外交辩难》所述及的交涉事例,大多并不是什么重要事件,甚至有些较难找到其他相关记述,不过这恰恰有助于了解和丰富晚清地方外交实践的图景。关于晚清地方外交,现有研究较多将其放在与中央政府外交相对的位置。故而从层级上说,比较关注于南北洋通商大臣与各省督抚将军,从具体实践层面来说,又多喜沿革地方交涉制度与条理事件门类①。影响较小的地方交涉事件与较低层级的相关个人,反而面目不太清晰,在资料留存、整理和研究等方面,都是稍欠关注的。这些事件和个人虽然对于总体历史进程而言,的确影响不大,属于"鸡毛蒜皮",但这些可能却是地方交涉中的日常状态,故而恐怕不能因其无大影响而完全忽略。

具体到地方交涉实践来说,蔡钧之所以受各地疆吏青睐,实在当时有其独到之处。他自谓早在广东办理洋务交涉,即能将看似"无可挽回"之事办妥,做到"焕然而冰释",主要是因为了解了"西人之性,固戆而直",故而解决问题无非"喻之以理,晓之以情"二

---

① 相关研究可以参见郭卫东:《论晚清时代的地方外交》,《广东社会科学》2017 年第 4 期;李育民:《晚清"人臣无外交"的异变及其趋向》,《史学月刊》2019 年第 7 期。这两篇都是立足于中央政府外交与地方外交在权力和制度上的演变。赵宏林:《晚清地方外交研究》,湖南师范大学博士论文,2010 年;张晓玮:《晚清广东地方的对外交涉》,暨南大学硕士论文,2007 年;黄建太:《从洋务局的流变看晚清中外交涉》,河北师范大学硕士论文,2010 年。这三篇学位论文或从总体,或以地方、机构为主题讨论晚清地方外交,涵盖面较广,未能也不可能反映地方上交涉的细节。

端而已①。在出使游历欧陆美洲之后，蔡钧发现在"执公法"、"循和约"的基础上，更需要善于联络、敢于交涉：

　　即遇龃龉之事，排难解纷、平争息忿，亦赖言语之间有以转移之，此辞令之不可少也。至于诘驳问难，执我法度，使就范围，则必于平时足以取信于彼然后可。②

其中的关键点，就在于"平时足以取信于彼"③。与蔡钧惺惺相惜的王韬在讨论对外交涉的情理问题时，也强调了平时用情的重要性：

　　窃尝论之，办理交涉之事，不外乎情与理而已。理仅执持于当时，情必交结于平日，非由平日往来酬酢，其情两相沆瀣，则临时又乌望其言之入哉。④

在《外交辩难》一书中，蔡钧更是多次强调了平时功夫，甚至搬出了孔夫子作为理据。他说中外之间的交涉别无他法，关键就在于消除"隔膜"，且须通西语、懂西情者亲力亲为，不使领事馆中的小人有搬弄是非的机会：

①　蔡钧：《时务撮言》卷一，光绪丁酉六先书局本，叶 10,11。此卷即蔡钧一系列"敬陈管见"条陈奏疏，前半与岳麓书社整理本《出洋琐记》所附相同，此处引用者为后半部分，为岳麓本所无。
②　《接录蔡和甫太守条陈》，《申报》1885 年 11 月 16 日第 1 版。
③　蔡钧：《敬陈管见四条》，《出洋琐记》，第 54,55,60 页。
④　王韬：《外交辩难序》。

不出孔圣人垂训,"忠信笃敬,厚往薄来"八字之法而已。以前交涉日多者,"隔膜"二字害之,闲时少与之交往耳。且往往小事交涉,多半由领事署中之文案或翻译播弄而成。①

这里提到的"忠信笃敬,厚往薄来"之法,前四字和曾国藩的中外交涉原则相合,即所谓:"夷务本难措置,然根本不外孔子忠、信、笃、敬四字。"②后四字则是强调要在平时交往中大方一点。这其实已经说明蔡钧心目中,西方人和中国人在交际与办事模式上并没有太大的区别:

既办外交,平日不与联情,遇事彼此未见信。譬如我国平素毫无交情,商办一事,必得多费唇舌,若有交谊,免强亦可推情,同一理也。

他自称尤其重视这一点,寻常多与外人交际联络感情,虽然破费金钱也在所不惜,就是因为一旦发生事情,往日的交情都可以用上,实际是费小钱,省大钱:

钧办外交念余年,往往与西人酬应,虽费用三五百金,遇事竟可省三五万金,屡见功效。所以办外交不疏财、无胆识,万难称职也。③

---

① 蔡钧:《外交辩难》卷四,叶11。
② 曾国藩:《复李鸿章》(同治元年三月二十四日),《曾国藩全集》,长沙:岳麓书社,2011年,第25册,第169页。
③ 蔡钧:《外交辩难》卷四,叶12。

蔡钧自述曾与刘坤一月旦外交人才,认为办外交所需注意者有四,分别是胆识、舍得花钱笼络、外语和酬答应对,他以为曾纪泽可算是中国第一外交人才,但在舍得花钱这方面尚有缺陷:

> 钧常谓办外交者,长于四端,便无遗憾。第一胆识,第二疏财,第三方言,第四肆应,此八字皆行,庶几乎可办外交。然以使才如曾惠敏,可谓中国第一外交人才。其胆识、方言、肆应,亦皆首屈一指,惜欠疏财二字,尚有缺点。①

《外交辩难》所述的这些具体言行未必尽是实录,不过作者多番强调者,为其所认为较重要的外交理念,或是本人自觉比较得意处,当无疑义。蔡钧在履任苏松太道之时,"接篆伊始,即定茶会之期,开跳舞之会,厚往薄来,怀柔交至",甚至被人嫉视,认为徒耗金钱②。他还展开"国庆外交",借慈禧太后寿辰之机,"假沪北洋务局,恭设华筵,邀请各国领事及翻译随员等官,与夫各国中之富商硕士",共聚一堂以尽亲和③。对此,有一篇题为《论交涉之机视乎应酬》的文章,将蔡钧作为善于花钱举办外事活动,并收到良好效果的正面典型:

> 首开茶会,并仿西国跳舞之戏,遍延各领事、教士及中西绅商,与夫报馆经理、主笔人等,作竟夕之欢。是役也,共靡(靡)金七千有奇,其数可谓巨矣。西人士啧啧称赏,目为创举,至有撰颂词纪

---

① 蔡钧:《外交辩难》卷四,叶21。
② 《榷宪口碑》,《申报》1899年4月26日第1版。
③ 《普天同庆》,《申报》1897年11月5日第3版。

于书册者,倾倒之诚概可想见……每晤西国官商,咸推重观察无异词。嗣后交涉之事,益征接洽,裨益大局,诚非浅鲜。由是观之,宴会交际之虚文,在使臣所关綦重,而在地方官亦不轻也。[①]

除了花钱宴请以及举办西式交际活动之外,蔡钧所谓"疏财"应该也包括善送礼,甚至还常惠及家人。在福建处理交涉事件时,蔡钧与英国驻福州领事费笠士交情不错,在费卸任之时,蔡还将"厚礼"送至费太太处[②]。在后来的驻日本公使任内,蔡钧给日本贵族近卫笃麿一家送礼,更可谓考虑周到备至:

兹特遣庖丁粗制肴馔四盘,点心两盘,另制西式点心两盘,外锦纱一端,即希代陈于尊夫人前。不腆之微,聊以将意云尔。又另赠少爷小姐折篑扇四柄,借以奉扬仁风,务乞笑纳,勿以菲而见却。[③]

既然重视日常功夫,做到"交结于平日",而且能投其所好,作

---

① 《论交涉之机视乎应酬》,金匮阙铸补斋辑:《皇朝新政文编》,台北:文海出版社,1987 年,第 456 页。此文暂未查到作者和原始出处,从文理辞气判断,有蔡钧授意或自撰的可能。另蔡钧自己也对此事颇为得意,在《外交辩难》并无太大关系的章节中,专门提及:"钧上年九月履任,十月初十日适逢皇太后万寿,是晚邀请茶会。各国西人到者男女千人,虽香港、汉口西商亦来赴会。盖西人好奇,因中国始创茶会,故皆以赴会为荣。当初拟请茶会时,担文律师为钧曰:'闻贵道请茶会,开中国风气,我西人闻知非常欣喜。'是晚,工部局董事为钧曰:'闻贵道开此风气,且布置华丽周密,即欧美最讲究之大茶会,亦不过如是。请此茶会,尤胜中国连捷胜仗,使各国人见之,亦知中国尚有人在也。'"见蔡钧:《外交辩难》卷四,叶 9—10。
② 蔡钧:《外交辩难》卷二,叶 2。
③ 蔡钧书信(1902 年 6 月 6 日),李廷江编著:《近代中日关系源流——晚清中国名人致近卫笃麿书简》,北京:社科文献出版社,2011 年,第 472 页。蔡钧曾经自谓"于利之一事,视之最轻",故而在赈灾、医疗等方面也时有"疏财"之举,并非仅与外人酬应,另详。

为"外国人的朋友",遇事交涉则相对有一融洽的氛围。《外交辩难》中所载谈判对话,"交情"是出现频率很高的词汇,中外双方都强调情谊最深,大打情感牌,以获得交涉的最佳结果。有了"情"面基础之后,亦需注重说"理"。蔡钧在晚清地方交涉官员中,是以知西情懂洋务著名的。他早知只要国力足够,"条约尚可背,公法亦可废"①,但是在自身国力不济的情况下,就一定要"执公法"、"循和约"。西人虽强虽狡,但或可以公法、和约"与之周旋而已",要使其心悦诚服,则"非秉公法以折之"不可②。故而,能懂公法、和约,并在对外交涉中合理使用,便是最大的"理"。对于中西法律不同引起的交涉复杂化,蔡钧亦有所考虑,他以为解决办法必须是延请洋律师为我所用,方可作司法交涉层面的以夷制夷,"压服"西人③。此外,蔡钧对西政西教较为了解,也能将这些知识转化为与西人的"理论"。比如在芜湖教案的交涉中,蔡钧一方面宣称自己之前所到欧洲各国,其议会皆能公正议事,若知外交官及教士在华迹近勒索,必不能答应;另一方面又要求传教士对天主发誓,索赔金额并无虚报。姑且不论结局如何,但好歹在"说理"一层尽力而为。在交涉之余的闲聊中,蔡钧还大谈自己环游地球一周的海外经历,更是在德国籍传教士戴尔第面前展示不凡的经历和人脉,告诉这个德国人,自己不仅认识俾斯麦和皇子,而且还"曾握谈两次"④。这恐怕就是平日之"情",辩论之"理"外,蔡钧的第

① 蔡钧:《外交辩难》卷一,叶3。
② 蔡钧:《敬陈管见四条》、《续陈管见》,《出洋琐记》,第54,55,59页。
③ 蔡钧:《敬陈管见四条》、《出洋琐记》,第53页。当然这一建议完全实现,要到十多年后蔡钧履任上海道时。见《委派南洋律法正副官员片》(光绪二十三年十二月二十日),《刘坤一遗集》,第1012—1013页。
④ 蔡钧:《外交辩难》卷一,叶19—20。

三种武器,即谈话之"术"。在《外交辩难》所述谈判过程中,蔡钧亦经常使用谈话之"术",在气势、履历、人脉乃至辩论条理上与对方斗智。此处即以中国与西班牙之间的叶畴遗产案为例,稍析蔡钧在中外交涉中"理"、"术"的运用①。

叶畴,福建人,本名林登铁,后卖入叶家,常年在菲律宾(当日为西班牙殖民地)做生意,在菲娶妻妾各一,有子女三人。叶畴生意失败后,携所剩资产约银元三万多回国,后病逝,西班牙驻厦门领事濮义剌将遗款收缴,欲送回菲律宾,族人叶燕满即状告要求分得遗产,濮与地方官交涉未果,蔡钧奉命来办此案。两人甫一见面,濮义剌即明扬暗抑地来了个下马威,称本来可以看在蔡钧情面上妥协办理的案子,因其来迟已经上报公使,故而碍难通融。蔡钧亦不示弱,表示与公使认识,且公使非常公正,只要照章办理,无所谓来早来迟。他也明扬实抑地送出高帽子,说本来佩服濮领事公正,不知此案何以如此偏执。接下来蔡钧将领事与地方官交涉无果之咎归于濮氏,抬出"西律"和"万国公律",讲解只要两国不失和,总需协同商处各类事件,濮义剌不见地方官是"知法犯法,罪加一等",一通指摘之后,蔡钧即以天晚为由告辞。在此后的数次辩论中,蔡钧一方面坚持叶畴是中国籍,且银钱业经带回中国,濮义剌将之扣留乃是"置公法、西律于度外",并暗讽领事乃是见钱眼开。另一方面,在谈判中使用各种手段:其一,时时宣扬自己办理外交十多年,又有游历各国经历,每事照章办理,问题皆迎刃而解,以此突显对手不讲理为十余年所未见,故此简单之案迁延甚久。

---

① 之所以选择此案,盖因首先西班牙在当日西方国家之中,列强属性稍弱,并没有太多实力可以威压中国;其次遗产案本身较小,牵涉利益较少,不属于重要交涉事件。由于此二者,故此案可能可以更多地展现辩论中"理"、"术"的使用及其效果。

其二,常常在谈判中摆出撒手不管的姿态,或顾左右而言他,一会儿畅谈外国风景,一会儿抚琴娱乐;或以事务繁多,不可能在当地久留,若濮义刺继续偏执,则届期径行不顾,以此施加压力;又或爽约不赴晚宴以表达不满。其三,在遗产金额分配谈判时"得寸进尺",从本来可能分文不得,或得四分之一,力争到一半,又以化零为整之由,将分得的一万九千余元提至两万。最后,还顺便惩戒了当地挟洋自重,招摇生事的通事买办。濮义刺在谈判中,屡屡示弱,称蔡钧熟悉西方法律,又擅长说理辩论,且利益上斤斤计较,态度上咄咄逼人,自己招架不住,只能看在情面上予以退让。蔡钧亦借此标榜自己外交熟手,不图名利,以及"情理不洽,虽上宪许之,我仍可以坚拒"等端①。

当然,如前文所述,《外交辩难》所书,究不可全当实录。其原因大致有二:首先,此前已经提到,作者毕竟是事后追述,有记忆不准确之处,也有可能将两事混一者。其次,蔡钧写作刊行此书的用意大抵不是自序中所谓"敝帚自珍";在行文之中,他实际上使用了一些叙事策略,以达到突显自己的宣传目的②。为了避免作笼统的"诛心之论",此处试以几个案例,就其大者,分类说明之。蔡钧所使用的第一类叙述策略可谓掐头去尾,夸大自己的功劳。即每章节并不将来龙去脉写清,而是单述自己参与的部分,呈现一种自为第一功臣的态势。最为明显者乃是《庚子之变力请江督保全南洋事略》一章,似乎整个"东南互保"都出自蔡钧的建议一般。当然,作为"辩论记略",这样的写法本身似乎没有问题,而且相对

① 事见蔡钧:《外交辩难》卷一,叶4—13。
② 蔡钧本人非常注意自我宣传,此为阅读其文字所需注意者,而且1894、1905两个年份,分别是其在甲午战起求进,和事务清简、仕途不顺之时,另详。

而言,"掐头"虽然忽略了此前谈判的进展,但终究是处理无果所以才有作者的参与。不过,"去尾"的问题可能就比较大了。因为读者阅读之后,或皆以为事件在蔡钧斡旋之下,已经妥善解决,而不知可能事实并非如此。一个明显的例子就是芜湖教案。《办理芜湖教案》一章结尾处,双方谈到待总领事批复,即可定合同签字结案,此后便是喝酒闲谈。最后告别时,蔡钧言因为福建有要事需要办理,不能久待,不过只要按所议去办,数日可了结。双方告别后,文字便戛然而止,给人以一种"事了拂衣去"的潇洒姿态①。然而芜湖教案并未由此结案,根据刘坤一的疏奏,芜湖教案发生后,的确委派蔡钧与芜湖道彭禄前往查探、谈判赔偿问题,但其结果是"与教士商议未结",最后是由上海道聂缉椝与法国总领事会谈后方结案②。

第二类策略则是塑造自己功败垂成的形象。比较典型的例子为四明公所案、租界拓展案和庚子阻止英军登陆之事。蔡钧在《记力拒法人要索四明公所冢地功败垂成致扩充公共租界事》一章中,将力拒法人的功败垂成和公共租界的扩充案联系在一起。根据他的说法,两事之所以牵连,原因在于"某观察"(沈敦和)之所为。因为本来各国领事已经被自己说动,愿意集体向法国施压,不意沈敦和受命来沪后,与德国总领事暗通款曲,私自以扩充租界为条件,去换取四明义冢的保留③。因为沈敦和自己是宁波人,受命与江苏布政使聂缉椝来沪后,以同乡利益为重,为保四明公所之产而不及其余,似乎颇合情理。但实际上,四明公所

---

① 蔡钧:《外交辩难》卷一,叶 21—22。
② 刘坤一:《办结芜湖教案折》,《刘坤一遗集》,第 703 页。
③ 蔡钧:《外交辩难》卷四,叶 16—17。

一案交涉,蔡钧自有处理不当之处,即便是一直力挺他的刘坤一,都对其大为光火:

> 至四明公所一案,固属客强主弱,亦由蔡道失于思患预防。闻该道与法领事商议颇久,既不早检出光绪四年议据,折以是非,又不央英、美诸领事居间,怵以利害。甬人数十万扰乱商埠,英、美所深虑,应无不乐于排解;乃一味以柔道相与,以致彼族凶焰益张,毙我人命数十名之多,犹复借此案展租界。办理不善,实难辞咎,仅予严饬,犹从宽耳。①

另外,前引《张之洞档》中蔡钧电报所谓,乃是怪罪沈敦和禀请刘坤一以南市、徐家汇、浦东三地易四明义冢,并有"西人昨日密告,宁众再坚持三五日,更不容法人索寸土"之说,电报乃六月初二发出,"昨日"当为六月初一②。然而《外交辩难》中的说辞,却又是沈敦和五月三十日即与西人密议,导致原本定于当天下午两点半的各国领事施压法国行动流产,亦其记述不合之处③。在随后的《记力拒各国扩充宝山县租界为人泄言事》《记坚阻印兵至沪登岸不果事》两章中,蔡钧故技重施,打造出自己勉力支撑,但为人泄密破

---

① 刘坤一:《复林稚眉》(光绪二十四年),《刘坤一遗集》,第 2539 页。前文已多次述及,刘坤一颇为欣赏和信赖蔡钧,故而此信或更能反映问题。虽然不知刘坤一所谓"闻该道……"的信息来源,但大概能知刘的不满之处在于两点,第一,蔡钧和法国领事纠缠太久,不果断;第二,没有借助英美等势力。从蔡钧的行事和性格来看,此案很有可能是他自信托大,以为能与法人成议,却不知法方乃是以此为借口,目的实在扩大租界。
② 《上海蔡道来电》(戊戌六月初二),《张之洞档》,第 14 册,第 531—533 页。
③ 蔡钧:《外交辩难》卷四,叶 16—17。按道理来说,如有各国领事施压事,蔡钧在当日电报中理应汇报。另外,关于法方本来目的即是扩界,以及英法之间关于扩界的矛盾和妥协,见葛夫平前引文。说明即便沈敦和有所举动,也根本无足轻重。

坏,故而功败垂成的形象。据其所述,前者是在刘坤一总督府中做翻译的广东人某同知,因受贿泄露刘坤一与蔡钧的交谈密告西人,导致阻止租界拓展不成。后者则是一余姓同知煽动上海道余联沅,以蔡钧能迅速解决问题,而他们谈判半月无果,则"面子太下不去"为由,暗中施加破坏。在此章的最末,蔡钧还浩叹:

> 以前所办交涉之事,类此功败垂成者数次。往往吾国官场,因顾面子,竟置大局于不问,使任事者足为寒心。故钧任外交念余年,不畏西人之狡,深畏同寅之忌也。①

这也是全书的最后一段话,似乎是作者对自己地方外交生涯的总结,即本来能凭一己之力挽回不少利权,而皆为同胞同寅所败坏。蔡钧这些文字虽有张大己功的一面,但也不是全然撒谎,叙事颇有

---

① 蔡钧:《外交辩难》卷四,叶 21—23,33—34。四明公所事件以及法租界、公共租界的扩张等事,连成一气,根本不是蔡钧所能阻止的。庚子阻止英军登陆一事,详见戴海斌:《"东南互保"之另面——1900 年英军登陆上海事件考释》。蔡钧的确是在余联沅交涉未果之后,为刘坤一派去与西摩尔谈英军登陆事,刘曾因此告知盛宣怀:"此事已由晋珊驳阻,彼未就范,若再由晋珊与商,设彼仍不允,益使晋珊为难,以后办理交涉处更难顺手。现已电嘱省甫姑再商阻,望将此事始末详告省甫,成否难必,姑尽人事而已。"刘坤一的意思非常明白,对此事能否谈成不太抱有希望,之所以让蔡钧(省甫)替代余联沅(晋珊),目的是在保护余联沅,方便其日后与西人的继续交涉。两天后,蔡钧与西摩尔谈判后,告知盛宣怀,结果还不错,即英军"只五百人上岸"云云。见盛宣怀:《愚斋存稿》,台北:文海出版社,1975 年,第 909,911 页。刘坤一接受了这一人数,并致电驻英公使罗丰禄,但最后英军数千人登陆。此事有两种可能,一种是蔡钧的确把登陆人数谈低了,一种是他回报含糊其辞,将第一批登陆五百人,说成是总人数。此处较为倾向于相信第一种,因为蔡钧谈判的次日,上海英国代总领事致电伦敦时说,领事团公议结果是不要撤走已到吴淞口的两千英军。如果是英方欲擒故纵的话,没必要对本国政府也来这一套。对此索尔兹伯理的回电,也含糊说到"在中国当局的同意下"登陆,没有指明人数,所谓"同意"自然包括人数问题。当然两宫即在此时西狩,中外重心皆移于彼。见胡滨译,丁名楠、余绳武校:《英国蓝皮书有关义和团运动资料选译》,北京:中华书局,1980 年,第 181,182 页。

策略,不明就里者却很可能偏听偏信。

余论:"摒挡"理路下的地方交涉细节

蔡钧的一生,或者说其官宦生涯的大多数时间,都并没有实缺,而是一路在地方候补听委当差。其中又尤以在两江时间较久,长达十余年,除了短暂的镇、沪两道任期之外,基本都在办理地方洋务交涉。尽管可能出于自我宣传的目的,同时又有不少夸张、修饰之辞,但是他留下的《外交辩难》一书,还是展现出了一些晚清地方外交的细节。关于晚清的地方外交,此前的研究者们已经有所重视,只是相对而言,他们所重视的"地方",更多地会强调其与"中央"外交不同这一层面,尤其喜以传统的"人臣无外交"为起点,探讨近代外交思想、体制之变迁,以及外交权力在央、地关系这一维度的分合。实际上,晚清中外交涉所展现出的层次可能更为丰富,即便在中央层面上,尚有帝后、军机处和总理衙门的不同考量,不可简单地以中央概括之,地方层面更是如此。正由于着意于与"中央"之相对,故而地方外交之研究,实际上或为南北洋大臣外交研究,或为各省督抚将军外交研究。加之本身材料相对缺乏,对于更低层次的地方外交关注不够,甚至忽视了这一层次。

晚清时期,洋务或交涉事务,为无论中央抑或地方所不能避免之大宗。然而各省督抚一级的封疆大吏往往并不出现于交涉的第一线,并且时常对此类事务避之唯恐不及。刘坤一在光绪初年总督两广,尚是年富力强、勇于任事之时,已觉洋务交涉,乃是"无日不与周旋",他就把问题归结为"此间并无关道摒挡,纤细皆问督署"①。故而光绪四年,在广州设立专门机构洋务公所,"遴派熟悉洋务人员,专办交涉事件"②。刘坤一设立专门洋务交涉机构,委员办理,其意正在"摒挡",当然此处并非拒之千里之外的意思,而在于可有人先行周旋。一来省却事事"皆问"之苦,二来避免直来直去,办事反更有余地。其实这倒是从中央到地方一以贯之的做法。庚申之变以降,清廷已渐深知西人船坚炮利,中外连成一气而呈人强我弱之势。另一方面上至皇帝内廷,下至疆吏大多不喜与西人直接来往,却又常常避无可避。因此专设总理衙门以为内廷之"摒挡",又新增南北洋通商大臣为总署之"摒挡",通商大臣或时以各省督抚为"摒挡",督抚则只能转而以关道、局所委员为"摒挡"。

蔡钧对此早有体认或准备,在甲申年间的条陈中他提到了洋务关键在于南北洋,而两江之上海尤为重中之重,其能否应付裕如却要看关道和委员是否得人,似乎预示了自己十年后的仕宦轨迹:

今就列国通商,分为南北洋,各有专司:析津为畿辅之锁钥,广州为海洋之门户,两者所系,实为最重。窃以为上海当南北之要冲,天下阛阓之盛,推为重镇,而洋务之枢纽即在于此。第一在苏松太道员有折冲应变之才,其次则在会审衙门之委员。③

或许正因早有此思虑,往后的实践亦较为顺手。盖"摒挡"之举虽大体皆为避免与西人接触,但不可一味目之以懒政敷衍,在不同人

① 刘坤一:《致军机处》,《刘坤一遗集》,第 1815 页。
② 刘坤一:《新设洋务公所委员会办片》,《刘坤一遗集》,第 481 页。
③ 蔡钧:《续陈管见》,《出洋琐记》,第 59 页。

处,有不同的作用。有积极的"摒挡",能收减压、转圜、立威之效;有消极的"摒挡",确为逃避者的绝佳手段。蔡钧在这两方面都做得不错,是为"摒挡"高手,自然也因此得到上司的青睐。在黄如雨案中,蔡钧以总督已有明确批谕及其身体欠佳等为由,面驳英领事贾礼士同赴江宁的提议,即"无贵领事与督宪面议之理,向来无此办法"。贾领事受挫后又提到径行照会总督,亦被蔡钧拦下,以约章规定"非十分紧要公事,似不宜照会督宪为是"。一来确属有理有节,维护了朝廷体面;二来定下基调,"须在镇议妥",控制了事态,有助于问题的解决①。在德国亨利亲王访华时,因其欲赴吴淞防营参观操练,德方希望江苏巡抚奎俊陪同,奎俊"颇苦之"。又是蔡钧出面致函德方,告以虽有谣言称军队野操或伤秧苗,但中方自会对乡民加以补偿,请安心前来云云。德国人自然能体会其中之意,将大规模的观操活动改为私下看望德国教官,并声言亲王不忍伤农,且"欲不惊动地方官"。此时,为奎俊"摒挡"的目的已成,蔡钧又送上"体恤我民"、"虚怀若谷"、"谦和友好"等高帽,宾主一通外交辞令而散。奎俊以为此事"万不想到竟能就范",自然高兴,赞扬其"善于转圜",于是蔡钧又趁机大谈一通自己"从事外交念余年,遇重大之事,以数言遂释者,指不胜屈"②。

如前多次述及,蔡钧写下此类文字,不乏自我吹嘘的成分,却也有其自鸣得意的资本。在晚清中外交涉频仍的大背景下,官场自上而下秉持"摒挡"理路,为蔡钧这样的人物铺就了一条别样的仕途。他并非正途出身,早早在地方历练,广东交涉和随使海外让其具有了应付西人的自信和手段。这些使得蔡钧能在

① 蔡钧:《外交辩难》卷二,叶11—12。
② 蔡钧:《外交辩难》卷四,叶10。

出身不佳的情况下,让上峰对其另眼相看,在"道班"尤众的两江官场脱颖而出,即便依例职位晋升空间有限,但起码有着不错的差使,甚至成为两江、闽浙争相奏调、保举的红人。同时,蔡钧的《外交辩难》及其他相关文字,也颇能反映晚清地方交涉的一些细节,有还原历史现场之功。当研究者的目光从利益攸关,列强不惜以军力国力为恃相逼的大事,下移至可能更为日常、数量更多的地方一般交涉时,所见的景象或许与前者有较大之不同。中外遇有日常地方交涉纠纷,即使是国强势大之英国亦不可能每次以降旗回国、出动军舰为要挟,如西班牙等国则更无论矣。况且西方领事级别的外交官及传教士、商人虽有国家为后盾,但在中国口岸人生地不熟,究属孤立少援状态,遇事尚需地方官的配合和保护。改用一句描述外交的流行语,即交涉利益足够大时,实力就是外交;交涉事件较小时,外交就是实力。如蔡钧这样拥有情、理、术三大法宝者,在面对西人的一般地方交涉时,至少可以做到不落下风,时常还能争取到谈判的大体胜利。蔡钧曾数次提到自己被西人称为"状师"或"律师",乃正因其不仅熟悉"西律",对"西国事例知之甚深",且"法术多端",能言善辩,甚至有"咄咄可畏"之态①。这显然与此前人们对于近代外交的一般认识有所不同,列强外交官并非每每能仗势欺人、得寸进尺,中国方面也不尽是颟顸慵懒、软弱无能之辈②。从此角度出发,展现"摒挡"理路下的近代外交,进一步重新审视晚清中外地方交涉细节,还原其历史场景,这恐怕便是阅读《外交辩难》,深描蔡钧生平及其地方外交

① 蔡钧:《外交辩难》卷一,叶 7,9,20。
② 在地方上,蔡钧可能是一个例子;从更高级别上来说,在一般交涉中,李鸿章也具有这样的特性。他能以年龄、资格乃至换衣服等小事震慑西人,获得谈判中一定的主动权,类似记述较多,不赘。

生涯所带来的意义。

本书的整理点校,所依据的底本为《外交辩难》光绪三十一年铅活字印本,参校以《中外交涉辩论记略》光绪二十年铅活字印本。由于蔡钧在书中较少分段,往往一个标题下文字全为一段,故而整理本为方便阅读,基本依照文中对话加以分段。在前言撰写及整理中,孙青、罗琴、吉辰诸位老师以及丁晚霞、屈成、邢志宇、税迪、王思雨等同学给予了文字及资料复制等方面的帮助,在此一并感谢。当然,由于水平有限,故而前言和整理稿中不成熟之处,应由本人负责。

张晓川

外交辩难序

　　自互市开禁以来，交涉日益繁重，一事之起讫，全视当事之肆应以为成败。据以法，审以机，感以情，折以理，乃能以片语消弭隐患。否则相持日久，则枝节丛生，遂至推波助澜，变本加厉，权利全失而后止。时事之艰巨，盖非有卓越之资，应变之才，殆难言矣。燕山蔡和甫学士，岁乙酉与余同在译署，以外员奉懿旨特派，实受特达之知。醇贤亲王素重其人，谕派同文馆督视课程，亦以学士谙数国文字，熟悉欧洲情形也。南洋曾忠襄公以需才告亟，奏交江督差遣。余虽共事未久，已略测其崖岸，知为不凡材也。甲午余奉命承乏镇关，适公权斯篆，去官日万人鼓吹，爆竹声喧阗亘十里，绅耆攀辕有泣下者，盖其德泽入人深矣。尤难得者，旅镇西宾，咸联袂登舟，殷殷相送；旗营子弟，更振旅江干，鸣炮致敬。在官甫阅六月，合中西、满汉胥如水乳之交融，诚为斗南不数数觏。越日考其成绩，乃知怀柔远人，嘉惠黎庶。凡地方善举，无不解囊相助，利必兴，害必除，实有足多者，益叹公之才略为不可企及也。昨以手著《外交辩难》见示，读竟始知公外交政策之历史。其中折服处有至理，操纵处有急智，争持处有定力，因应处有奇材，盖不独以言语妙天下也。其敭历所至，所谓折冲樽俎，战胜于无形者，良有以哉，良有以哉。窃思各国皆有外交专科，而中国独视为缓图。今国势有强弱之殊，人才有优劣之判，而欲于国际间争胜于一旦，其不却步也几希。此卷可为外交渡迷之筏。愿公勿自秘，以公诸世，其有裨于外交家，岂浅鲜哉。余出使德、和，稔知各国以外交为重，故轻重缓急不失其宜。览斯编者，幸无忽诸。

钦差商约大臣兵部尚书姻愚弟吕海寰谨序

外交辩难序

余曩官京师，即与公相处，每抗论时事，辄倾倒当途，已藉藉通都誉满。丁亥冬，善厚斋将军电商曾忠襄，调公襄权政，兼任外交，余适官闽，因过从益密。维时杨石泉制府督闽，知公才长于外交，会善将军檄办通商局，经办要案，无不迎刃立解。江督曾忠襄旋以交涉要案，电促之归。越年四月，善将军遽归道山，适公回闽，杨石泉制府派公总理丧仪。公自愿护送灵榇回京，事亡如存，其古道热肠，有足多者。八月，杨石泉制府因鼓岭、厦门交涉异常棘手，又电促返闽。九月初，适卞颂臣制府来督闽，公既至，晋见，数语不合拂袖去。嗣卞公知非公不办，亲造访劝驾，乃慨然受任。越旬办结，卞公叹为神。会希侯将军上其功，陈请闽中遇有交涉要案，得随时电调为理，旨报可。由是往来江、闽间凡数载，所了重要之案，不可以数计。时节府元僚语人曰：自蔡公来闽，专任外交，我侪笔为之闲矣。暇日与余煮茗论时事，尝谓日、俄鹰瞵虎视，实为切肤之患。不十年，必借故挑边衅，而四塞空虚，不闻设备，弥切杞忧。前知殆若筮著。余自川还京师，适公在沪，又力请愿以重器留沪。叩其故，则谓秉钧政策多乖，锢蔽冥顽，嚣然不靖，萧墙之祸，一发恐不可收拾，并切戒京第亦不宜涂饰炫人胎祸。余疑信参半，嗣以公谆谆为言，勉为酌留数十具于沪栈。未久，拳乱起，宫掖阛阓多糜

(糜)烂,百不一存。乃叹公目光如炬,智烛机先,不翅了如指掌。其数十年外交历事之史,汇纪成编,凡数种,此其一也。集中所载皆实录,机变操纵,神妙不可语言。盖横览华夏,已如聚米为山,用能历膺艰巨,如竹迎刃,前知隐忧,如镜鉴形,岂徒托空言者所得假借哉,诚外交界之津梁矣。

头品顶戴吏部尚书姻愚弟奎俊拜序

外交辩难序

　　和甫学士机智过人，激昂有奇气，从事外交，多著宏绩，为中外属望，其论列时事，每多奇中。曩年从先叔果敏公最久，倚之亦最重，尝顾余曰：和甫才智绝伦，异日必能宏济时艰，丰年之玉，俭岁之粮也。乙未，公来京师竭（谒）姊母，谈次恒以京中非安乐窝为言，并切嘱驰书黑龙江于余，凡所经营宜早收束，数年内，三省及京华虑有不测之祸耳。回忆当年公抵掌谈时事，辄如铜山西倾，洛钟东应，弥用罍罍，迨庚子又验如筮蓍，深以未从公教为悔。昨见其所著外交书数种，知历事之大凡，以今日强弱势殊，公法已可执而不可执，临事者仅恃三寸舌战胜无形。戛戛乎，其难实甚。公乃六辔在手，一尘不惊，巧取术驭，如波诡，如云谲，不可思议，用能相与，胁足降心，就我围范。定力之坚，胆识之伟，机变之神，是岂寻常所可企及？今日重门洞开，而外交无专科之才，吾愿当事者咸以此编为先河之导可也。

四川将军世愚弟绰哈布拜撰

外交辩难序

　　岁甲申，识公于都门，一见如旧相识。尝慷慨谈时事，意气如云。以所献策出示，极言备日防俄，万不可视为缓图。洋洋万言，抉隐忧如燃犀照渚。每告余京中及东三省不十数年，必有变故，窃未之信。洎甲午衅起，始服其有先见。乙未，公复来京师，相得益欢，偶诘以前知之神，则扼腕欷嘘，不能自已。谓祸机所伏，正自未艾，若不痛定思痛，亟谋变法自强，恐数年之后，祸必有甚于甲午者。闻之愕然，迨庚子而其言又验。昨读所著《外交辩难》，数十年历事之政策，得其梗概，悉外人之情伪，达临事之机宜，知彼知己，故能百战百胜，无怪当日抵掌谈时事，洞若观火，有谈言微中之奇。吾知外交界咸愿人手一编，佩为圭臬矣。

　　　　　　　　　镶白旗都统内大臣一等承恩公姻愚弟桂祥拜序

外交辩难序

春秋之世,列国纷争,朝聘会盟之使,不绝于道,无不专尚辞令。子产有辞,诸侯赖之,郑虽蕞尔,介于两大之间,而其国因之以安。《传》称行人子羽能知四国之为,修辞立诚,是其所长。由此观之,所以折冲于樽俎之间,雍容于坛坫之际,消嫌弭衅,一语而服人,一言而定事,几若战胜于无形。是则舌战与兵战其功同也,而不失两国之欢心,仍固一时之睦谊,则其用攸殊矣。吾友蔡和甫观察向膺参赞之任,出使泰西,纵迹所至,几环地球一周。于泰西列国之人情、物理、律例、礼仪,固已知之稔矣。一旦交涉事起,与其人周旋辩论,始则相拒甚坚,继则瓦解冰融,涣然尽释,是则舌辩之才又曷可少哉。此编盖观察办理中外之事,有实效之可见者也,夙藏行箧,不出示人。余一日见之,为请授之手民以示之准的,然非观察意也。计观察办理洋务,自闽、广、江、皖,二十余年来,所有交涉巨案,人视为棘手者,观察措置裕如,有若庖丁之解牛,目无全牛,又如破竹数节之后,迎刃而解。逮案既结,人辄视之为甚易,而不知其曲折以赴,固为之甚难也。非先有以折其骄凌之气,然后乘机曲导,与之从容论理,势难就我之范围。惟观察能始终伺隙而握要,关其口而无可说,则彼自不足为患耳。今者列国皆有以窥我之微,恐以后办理愈难,惟望各处办理洋务者,皆得观察其人,维持大局,庶几国势日以振兴乎? 窃尝论之,办理交涉之事,不外乎情与理而已。理仅执持于当时,情必交结于平日,非由平日往来酬酢,其情两相沆瀣,则临时又乌望其言之入哉? 中外官场,大抵语言文字之不同,性情因之隔阂,及至有事,毋怪其气之两不相下也,中外人情同一致耳。向者闽省交涉之事最夥,办理者多以为畏途。自观察与之互相联络,一切事之未萌者,已预为消弭于无有,自此闽省中外官商,晏然若无事。即如乌石山房屋一案,西人久已据为己有,卒以观察一言,汶阳之田遂复归我。其余各事若此者,指不胜曲,闽省绅民至今称之。然则办理洋务者不于此恍然,于情之不可已耶? 洋务入门其以此左券乎。

光绪甲午夏六月初澣天南遯叟王韬识于沪北淞隐庐

自　序

　　司马子长谓古之诗篇,皆发愤而作。盖俯仰身世,瞻怀君国,忧愤所积,郁郁而思,所以求伸则必托之文辞以自见。古之士君子皆如此,不独诗人为然也。钧少清苦就学,不克终其业,为禄养计,出而求仕。抗尘走俗,不敢言文,况语于古君子之所为哉。然所谓发愤而作,则古今人无以异也。曩岁甲申,自欧洲游历归,耳目所及,悉心识而手录之,附以末议。适奉调入都,谒醇贤亲王,陈其大概。王颔之,奏留神机营差遣,加异目焉。时钧以卑官,且属外吏,一旦隶禁旅,忌者咸侧睨之。会法、越构衅,兵及我边鄙,沿海震动,为朝廷南顾忧,诸王大臣匦画憔悴。钧感荷知遇,寤寐激发,条陈数万言献诸王,以为可采撮其大要以上闻者,凡二万言。于是忌者益甚,掎摭其辞,露章连劾,旁观皆为之危。王鉴其愚忠,于上前解免,仅予薄谴。呜呼,矜全之恩大矣。自是忧谗畏讥,兢兢然以沉默自守,而仰酬高厚之志,则不敢一息懈也。迨奉简命出使日本,乘轺而东,慨然于中国旧俗之弊。日本为同洲近邻,以变法骤致强盛,其政策宜多可仿行者。于是证之实事,采之群言;考之泰西,以探其原;酌之时势,以适其用;条举件系,具稿以俟奏上。已而还朝,儤值内阁,职务清简,复加订定。适请假修墓,假满复乞休,流寓海上。当朝巨公有与钧契厚者,写以就正,皆韪其议,然虑召谴而速谤也,请止之。海内通达时务之士,闻而叹息,则又悤悤之,使达圣听。钧不能决,卜之者再,皆不吉,虽小数不必果验,而相厄至此,吾言其殆终不行乎。然李囊心血不足为外人道,不可不示子孙,更摭敝箧杂记半生外交历事之史,都为二卷,用付手民,敝帚自珍,幸勿目笑存之云尔。

光绪乙巳仲冬
燕山蔡钧和甫自序于秣陵韬园别墅

英法各国通商始末考

燕山蔡钧和甫述辑

　　盖欧洲列国以商务为本,富国强兵全借于商,而推英国为巨擘,列国虽欲与之颉颃争衡而竞胜,而终不及其心计之工,规模之远也。余尝考英人之通商始末矣。英与法最近,其通商亦与法最先。唐肃宗至德二年,与法王查理曼立商人之约,英法同盟始见国史,英人商务至明季而始盛。宋度宗咸淳九年,英与法里美国通商,此为与他国通商之始。元武宗至大元年,始用银钱汇票与西班牙、葡萄牙两国通商。元英宗至治三年,与威聂士立约通商。明太祖洪武十七年,始设商船律法。嘉靖九年,始至亚美利加洲之曰来齐通商。二十九年,与瑞典合约通商。三十二年,始与俄国通商。万历十二年,始谋取中亚美利加之西印度及齐尼阿,始携淡巴菰回国,欧洲之栽种烟叶以此为创。二十二年,始设银号,商人便之。我朝顺治八年,始定市舶赋税,颁定律于国中。康熙三年,瑞典曾据亚美利加洲地,英人取之名曰新瑞典,令居于新地者不许与他国通商,商人咸怨。是时荷兰、西班牙两国商贾日兴,英人嫉之,特遣水师提督伯拉格,统兵船往西印度海,取西班牙属地买加,并夺获西班牙采金之商船。至此,又遣约克丢伐荷兰,此为争通商用兵之滥觞。康熙五年,始贩中国茶叶至英,始设保险之法。四十九年,

英商立一公会于太平洋岛,贸易十年未有生息,至是议撤。雍正十
一年,英国议立纳税新法,卒不果行。初,各国商货到关抽税,英人
瓦尔波创立新法,货至,储于国仓,待有受者始纳税于国家。于是
商贾咸集议院论其事,是少否多,以为他国皆不如是,遂沮是议。
十三年,与俄国立通商之约。乾隆二年,西班牙虐待英之商贾,二
国兵衅将自此构。王及大臣皆欲战,惟瓦尔波不可,强之,乃发兵。
五年,遣安胜至南太平洋劫西班牙商舶。十五年,仍与西班牙,始
制毛毡。五十二年,与法国重申通商和约。逮拿破仑兴,与英为
难,洎乎战胜诸国,兵威益壮。嘉庆十一年,法传檄于普、奥、俄、
意、日、荷、葡、瑞各邦,毋许与英国通商如故,各邦亦并不能从其号
令也。是年,与英国通商尽捐夙憾。道光二年,英迦宁为相,罗宾
森掌度支,墨斯基逊掌商务,谋除苛政,令四方食货流通。四年,英
人经营美洲不遗余力。于时南亚美利加诸部久不奉西班牙约束,
至是英遣领事官往,复立通商之约。于墨西哥、可伦比阿、索宜塞
利,相与贸易往来。五年,与丹麦立约通商。六年,与瑞典结盟,许
英船出入瑞典所属海口。英人专志于行商,蒸蒸日上。十年之间,
国中富商贷赀本于他国王家者,计三千六百万两,英建轮船公司往
来各处。道光十年,轮船初至印度,水师总统讷曰尔始至我国之广
东。虽未必有心于窥伺,然其谋肇于此矣。十八年,轮船始度大西
洋,凡十五日抵纽约,商人之行贾于外者,于海道亦稔。与奥国、美
国俱立通商条约,而创设英公司于暹罗,置戍兵于红海之亚丁岛,
凡行旅之由是海口者,得所恃而不恐。二十年,与德拟邦立(立
邦)约通商。是年,方以贩运鸦片启衅,英人有戒心焉。二十二年,
我朝定和议,许英人在上海、广州、福州、厦门、宁波互市通商,所得
于中国之货贿,辇运回国,计盈五车,获一巨钟置之博物院中。二

十五年,与昔利西立约通商。当此之时,英在欧洲水师称为极盛,计兵舶四百四十五艘,水手四万,水军一万五千,其强如此。商务之旺,轶于前日,进口货值银四十八千五百万两,出口货值银十一万一千两。通商船舰三万八千艇,水手二十九万人,其富如此,自立国以来未之有也。又以印度民人众庶与法立约,许其往法之属地开垦,然前后所贷国债称倍于畴曩。咸丰十一年,计国债银二十六万一千九百万两。近来欧洲列邦与中国通商,英为首而美与德次之,立和约设领事者,虽不过十余国,而余皆附于英,如大国之有附庸。然此局将与地球相终始,于此而犹欲闭关自画,固所不能。然所要者,在知其情伪而己,不知其情而虚与羁縻之,无当也。余著此篇,俾悉华英通商之所由,而窃叹当时驾驭之术疏焉。呜呼,前车未远,来轸方遒,当轴盍加之意哉。

卷　一

杜截私船闯关之弊

光绪丁丑正月，奉两广总督兼署粤海关监督刘委，总办汲水门税务。奉檄到厂接办，常见小火轮或虾狗船高挂英国旗，满载洋药闯关，厂中竟不阻止。钧问厂中书差，何以不加盘查。据书差禀称，前因盘查曾经见拒，故自后不敢闻问。

钧曰："有是理乎？若厂在香港，自然受制于西人。今厂乃在中国地界，想英国亦应遵我法度。汝等既不敢盘查，我明日往香港拜会港官，面与商酌，想港官亦不能任从奸商闯关漏税也。"

爰于五月初十日到港，适大鹏协赖磬石协戎亦来港，闻钧欲会香港官，约同前往。钧即知照华民政务司斯密君，约于十一日申初拜会香港总督坚尼士君。

是日，偕赖协戎同往拜见坚总督，握手寒暄，颇为谦逊，华民政务司斯密君亦在座，盖斯密君能通粤东方言。

闲谈良久，钧谓坚君曰："本委员因有一事特来请教，不知贵总督愿闻否？"

坚曰："我甚愿闻，请详言之。"

钧曰："我中国设关收税，与香港相离仅三十里，彼此皆应各遵制度。譬如我等各厂,无论轮船、巡查艇有到香港,知港例东较场海面系专泊中国官轮船艇之处,每船到港必遵功令,向不敢违犯。况我税厂中照例,即王侯将相乘船过关,亦应请关查验,始可放行。若商轮,则更应湾泊听从税关盘查。乃本委员自接办以来,常见小轮船或虾狗艇高挂英国旗号闯关,并不遵我规矩,殊属不合。"

坚曰:"港中商人甚多,常往各处游历,并无夹带,何须湾泊查验?"

钧曰:"虽港中商人游历常有之,照西人之例,只有礼拜日或礼拜六下午始有闲暇游历,何以日日皆有?"

坚曰:"亦有富商由外洋来港游历,非在此间贸易者,则常日有余暇往各处游历或打雀鸟。"

钧曰:"既然有富商由外洋来港,日有余闲游历各处打雀,应当在日中,何以晚间夜半皆有?"

坚曰:"或者因遇风、潮水不顺,致有夜行。"

钧曰:"果因风潮不顺,即应湾泊汲水门,以候风息潮顺再行。何以竟由香港驶入汲水门,直往省河而去?况凡有闯关之船,均系满载,其非游历明矣。"

坚君变色曰:"贵委员有何凭据?"

赖协戎见坚君怒形于色,谓钧曰:"不可再说,恐生事端。"

钧谓赖协戎曰:"只要有理,如何不力辩?若畏葸,转为西人所轻矣。"

坚君又曰:"如贵委员有真凭实据,不妨直言,若毫无根据,切勿妄语。"

钧曰:"香港为数十国荟萃之区,华洋杂处,良莠不齐。虽贵总督功令森严,岂能免别国无业洋人,由我国奸商买嘱,夹带私货闯关乎?我想港中人民如此之杂,贵总督何能一概视为良民?我尝谓自己,虽可信是好人,我之亲子弟,我即不敢决彼准做好人,想贵总督亦然。"

坚君怒甚曰:"贵委员所说之话似不近情。既无实在凭据,又何所见而云经过贵厂之船有夹带乎?"

钧曰:"本委员虽未到过伦敦,然贵国以及各国之人,无论士农工商,我均能分辨清楚。至于闯关之西人,均非善类,且船既满载,夜半亦行,非闯关而何?"

坚曰:"贵委员既能分别西人良歹如此清楚,想我西例当亦透熟。"

钧曰:"略知一二。"

坚曰:"贵委员既知西例,但照西例,既明知其闯关,即应截留盘查,又何必徒以口舌争乎?"

钧曰:"本委员久仰贵总督盛名,时深钦佩。今日与贵总督所谈,讵似甚不明白。"

坚曰:"何反以'不明白'三字加之于我?"

钧曰:"本委员明知夹带无论中例、西例,均应盘查。我之不查者,盖留贵总督交情。若遽然查获,人、船解送贵总督,似失西人体面,且似近不教而诛。况一经发觉,新闻纸传布各国,岂不有失贵总督声望?何以贵总督毫不知我顾全友谊乎?今日请教之后,如回厂一见此等船闯关,自然立即拿解送港,请贵总督严办。"

坚转怒为笑曰:"贵委员为人实在爽快,真不愧为好友。既如此,以后有此等事,请即截留拿解来港。倘小轮船、虾狗艇行驶既速,追赶不及,请以远镜照其船上号码几何,并记此船某时某刻闯关,转报前来,则本总督可以查办。"于是立传船政厅汤若士君,面谕传知各船户,以后务须遵例请验。

钧曰:"佩服贵总督办事持平,将来我国家闻知,亦同深钦佩,本委员实感谢之至。"遂握手言别。

赖协戎谓钧曰:"君真冒险。闻坚君素性卤莽,君与之如此驳诘,我深畏之,不料竟为君说服也。"

钧曰:"办理洋务若无胆识,善于辩驳,适为外人轻藐而已,何能了事乎?"

是晚住香港清华书室。此处为香港各衙署、洋行翻译聚会之所,请钧寓焉。各人知钧与坚君辩驳一事,谓钧曰:"坚君情性最劣,动辄以粗暴待人。今日公可谓善于驳诘,不然必致决裂也。"钧十二日回厂,是日不见有闯关之船。嗣后,即果系西人游历之船,亦泊厂请验放行,于是夹带闯关之船竟尔绝迹矣。

辩明不撤六厂

光绪丁丑冬月,因俊海关于港澳六厂添收杂税红单分厂,港官以有碍香港民食,由英领事罗伯逊照会俊海关,请将红单厂及税厂一概撤去。俊权使办理甚为掣肘,权使商诸督宪,命钧设法转圜。

钧曰:"此事与领事交涉似无益,必须提纲挈领,向港官辩论方可转圜。"于是十六日回厂,十七日到港,拜会坚总督及华民政务司斯密君。

寒暄毕,钧曰:"闻贵总督函请罗领事照会粤海关,请将香港、澳门各厂撤去,确有此事乎?"

坚曰:"然。凡港澳,中国所设各厂收税,彼时与瑞制台妥立章程,再三订明,只能收洋药,不能收杂税。今拟添收杂税,岂不有违定章?况牛羊均需收税,岂不有碍香港民食?既违原订章程,不能不请一概撤去。"

钧曰:"贵总督所说违章颇似近理,然我国有一定之章程。北方故有骡马税,南方故有牛羊鸡豕税,非独港澳六厂添收,即内地各处亦皆照收,并不分畛域也。此等税贵国亦有之,且贵国人丁尚收税,而况牲畜耶?"

坚曰:"各有各国定例。总之我处当初与瑞制台定章严明,万万不能违背。"

钧曰:"凡事亦可变通。我想国强,条约尚可背,公法亦可废,况章程耶?且闻各厂添设红单分厂,凡到香港之货物均收七折,入口省河者收十足,即此可见华官尚思顾全友邦之谊。若贵总督因海关添设红单厂,必欲将六厂一概撤去,恐贵总督将为怨府,从此不免多事矣。"

坚曰:"如中国撤去税厂,有便商民,港粤商民只有感激不尽,何怨之有?何多事之有?"

钧曰:"不然。此六厂分设,每厂不下数百人,全赖在厂服役养家,总核约在万余人。若六厂一撤,则万余人众口嗷嗷,无以为活,难保不生意外之事。况六厂已设多年,粤省赖此税以助兵饷,亦何能遽行撤去?想贵国亦万不致因此小事,致失和好。"

坚曰:"港中商民联名控告,我当俯顺舆情,不能不请裁撤。"

钧曰:"若贵总督定要撤去六厂,万做不到。徒说亦无益,我有一善法自能兼顺舆情。"

坚曰:"请明以示我。"

钧曰:"香港之商民联名控告者,因收牛羊杂税耳。我可禀明督宪,商诸俊海关,将牛羊杂税一概停止,免税或者可行。"

坚曰:"汝我交好,固无不可通融。若能立将牛羊杂税停收,本总督自当遵照。"

钧曰:"今日回厂先将牛羊税停收,明日回省面禀督宪,想可邀准。但彼此一言为定,贵总督幸勿翻悔。"

坚曰:"自然。若贵委员立能照行,当即知照罗领事,照会了案可耳。"于是握手言别,旋即照此结案。

会商厦门日国濮领事与地方官争夺民人叶燕满巨款一案

己丑十月初七日,申初一刻,拜会濮领事。寒暄毕,濮曰:"前午接厦门道台照会,欣悉福州大宪派贵道来厦商办叶畴遗资一案,不胜快慰。惟惜贵道来迟,若早来我尚可通融,不难了结。"

钧曰:"公事迟早,均同一律办法。何以来早可以通融,而迟来即至掣肘?况办事首贵持平,彼此开诚布公,按守规约办理,无所谓通融也。"

濮曰:"虽如此,若贵道早来,我尚未详请驻京公使,事权属我,自然有可通融办理之处。今既上详公使,即应候公使批示遵照,彼此商办未免棘手。"

钧曰:"贵公使人甚公正,我亦与之认识,想彼亦不能不遵约章秉公办理。"

濮曰:"不然。此案若秉公,则叶畴遗款应归有凭之味申的领受,别人何得干预?"

钧曰:"贵领事以前人甚公正,我本佩服。到此连日详阅全案卷宗,贵领事往返文函甚为偏执,但此案最易办理,何至纠缠数月?

至此中一切情形，厦门道台与贵领事亦已辩论至再，毋庸赘述。据贵领事总以味申的为叶畴有凭之子，遗资应归味申的。然叶畴既欲以资交味申的承受，何必汇回中国？既已携回中国，其立意归中国之子无疑。吕宋之子女应不能干预，实为名正言顺。况阅叶畴族长供词，皆以味申的忤逆不肖，早已驱逐出族。按中国例，不孝乃忤逆，罪人应当按律惩办。按万国公例，既系出族，家产分毫不与。"

濮曰："出族一层，不过叶畴族中狡辩之词。"

钧曰："有案可据，何能空谈？此案贵领事必须细思，勿为他人所愚。恐因此案播传中外，则贵领事昔日公正之名，反变为任性偏执。我等都系办各国事务之员，凡所办之事，必期为各国佩服，毋致贻笑友邦为佳。"

濮曰："叶畴既入我国籍，即系我国子民无疑。我既为此处领事，应有保护子民之责，各国何得笑我？"

钧曰："领事所责任者，通商事务。如此事，实为侵我地方官之权。且贵领事袒护奸商，我详阅全案，内中来往文词自相矛盾。我等以前出使各邦，凡办各事始终如一，事事无不谨守规约。如贵领事办事，近于偏执，试问在各国办事能如是乎？我国家厚泽深仁，凡遇交涉诸事，总从宽让，以存柔远之道，非有所恐惧于各国也。"

濮曰："贵国我本佩服，惟地方官我难深信。何以刘道台竟以贪财爱宝责我？我甚不甘。此事若非贵道来此，我断不肯相见。"

钧笑曰："贵领事此言得毋有愧，故不敢见人乎？"

濮曰："何愧之有？地方官既无道理，我可以不接见。"

钧曰："否。除是两邦失好，公使下旗之外，无论闹到如何情形，不能不见地方官辩论公事。然领事不守规约，按西律则地方官有不接待之权,贵领事知之乎？今尔、我均谙西律,所谓知法守法,若知法犯法,罪加一等,万国公律同一例也。总之,此案应据理按律,秉公办理,毋庸多费唇舌。天将晚矣,明日再商。"

濮曰:"今日未备盛馔,不敢留餐。明日午正务请光临小酌,借以畅谈。"

钧曰:"办公不在一餐,既承宠召,明日当趋陪。"遂辞回寓。

初八日,午正,赴濮领事午餐。闲谈毕,借至公事房。钧曰:"我不能久在此间,不过三五日即需回省,此案宜速日了结。况我办理外交已十余年,遇事皆面商一二次,即可了结。"

濮曰:"贵道性情何其急也。此案自夏初迄今,与厦门道台往返商办不妥。嗣又经彭提台来我处商酌,未能妥协。贵道娴熟西律,亦非面商一二次所能了结。"

钧曰:"我之办事向来如此。"

濮曰:"厦门道说我贪财爱宝,竟尔形诸公牍,实属无理。"

钧曰:"凡银钱之案,我向不愿经手办理。虽涓滴归公,廉洁自持,亦不能免人嫌议。今厦门道台言贵领事贪财爱宝,亦因外间议论沸腾之故。"

濮曰:"此等妄论谣言,殊属可恨。"

钧曰:"贵领事初无凭据,即擅将叶畴遗款收入公署,无怪人言啧啧。我亦闻人说贵领事将此银据为己有,但我不信贵领事敢吞没此款也。"

濮曰:"此等荒诞之言,只可以欺愚人。我亦闻地方官欲收回此款充公,亦有言据为己有之说。"

钧曰:"我国法律最严,如地方官贪赃至一百二十金者,即为满贯,律以死罪,何敢妄为？所以往往交涉事件,多由奸商居间,播弄是非,必使各国领事与地方官不和,从中图利。凡中国入教或充西国通事人等,大半俱非善类,遇事借领事为护符。奈领事中多为所朦,一味无理袒护,至启我地方官轻视之心。此实自取之道,于人何尤?”

濮曰:“我却不信小人之言,每于教民、通事人等言及交涉之事,我惟付之妄言妄听而已。”

钧笑曰:“果如此,则此案不致纠缠数月之久不结也。我想小人之言,贵领事虽云妄言妄听,不全信以为实,究未免疑信参半,莫若拒绝不听,方为最妙。譬如我之用人办事,坚持定见,虽至亲如兄弟,亦不为其所摇,故遇事始无犹豫之见。”

濮曰:“贵道所言甚善。”

钧曰:“彼此面商已两次矣,贵领事应如何办法,请明以示我。”

濮曰:“不过数日前始详请公使,实要静俟公使示谕,方能定夺。若贵道早数日来,我尚有商办之权,何致费如此周折。”

钧曰:“我如何能久俟贵国公使来信?凡事亦可变通,不能如此固执。”

濮曰:“变通之法如何?”

钧曰:“贵领事可电告公使,言我来此办理此事。想贵公使无不乐从,自不向总署商办,何用久候批示?”

濮迟迟答曰:“甚善。此时我之详文尚未到京,贵道与我公使相好,电去必不向总署商办,我即遵示发电。”

钧曰:“时已申正,告谢回寓。”

濮曰:“明日两点钟回拜贵道何如?”

钧曰:“明午拜访各国领事,恐有失迎。”

濮曰:"如此则改初十两点钟拜访。"

钧曰:"甚好。"遂辞回寓。

初十日,未正,濮来拜会。寒暄毕,濮曰:"前晚已发电,昨得公使复电,以贵道来厦办理此件,甚为欢快。"

钧曰:"既如此,我等可以速日了结,今日即可定议。"

濮曰:"今日专来拜访,不必谈公事。请贵道晚间到公署,将一切开议商定何如?"

钧曰:"善。但办事不可过于迟延,方不致多生枝节。"

濮曰:"贵道既来办理此事,无不妥速,晚间在公署专候。"遂辞去。

戌正二刻,往拜濮领事。寒暄毕,钧曰:"此案究竟作何办理,请即定议。"

濮曰:"此案情节虚实,此中大有道理。从前我未查明,尚欲作四股分最为平允。前日接小吕宋提督来文,查得味申的及弟妹三人均在小吕宋,且叶燕满并非叶畴之子。既非叶畴之子,何以分钱? 殊觉不近情理。"

钧曰:"前言我等不近情理,我想贵领事更无情理矣。"

濮曰:"何则?"

钧曰:"叶畴本中国人,银已带回中国。按《公法》一百二十四条,为我自有之权利。贵领事擅自将叶畴遗款收存,又包庇我国奸商,侵我地方官办理之权,试问情理何在? 且今日提讯叶燕满,及传同叶畴同回之叶杰。再三审讯叶杰,以叶畴每年尚纳身税,即今春回华,仍将春季身税交纳,岂有既为吕宋籍人亦纳身税者乎?"

濮良久答曰:"叶畴即未入我国籍,但其子味申的等实已入籍。即在我处呈控,我领事有保护之权,应当代为争拒。"

钧曰:"我说贵领事好管人事,诚然。如我等出使各邦,无理之事断不肯为。如贵领事于此等事亦为保护,实足为各国所耻笑。总之,此事毋庸多言,且办事不按理律,彼此强辩,亦属无益。我办理交涉事十余年,即重大之事,按公律谕理,无不即时了结。如贵领事置公法、西律于度外,全不讲理,我实不能与商。"

濮曰:"贵道不必动气,我等既系好友,何必因此致失交情。但此时夜将半矣,言之口渴舌烦,可稍用茶点再谈。惟此事已经延搁五六月,贵道一来即须了结,实非易易。"

钧曰:"我前曾办过英国一两案,地方官已耽迟三年,我经手一二日即已了结,英国固不敢不遵公律也。"时已子正,告辞回寓。

濮曰:"明日请来晚餐。"

钧曰:"不在饮食,首在评理。"

濮曰:"食饱论事更有精神。"谈笑而别。

十一日,亥初,濮领事请往。濮曰:"何以爽约不来晚餐,岂真有所不慊于我乎?"

钧曰:"虽非不慊,然贵领事办事不遵公律,我实甚不佩服。"

濮曰:"贵道向来办事最明白公正,不想今日亦改变性情。叶燕满实非叶畴之子,有证有据,贵道何必力争?"

钧曰:"既有证人,何不提来彼此会审?"

濮曰:"无庸会审,证据即前任孙道,有照会可凭,岂能妄说?我取来,贵道一阅,自然明白。"

钧曰:"我因此事与贵领事辩论两三天,尚无端倪。贵领事既不遵公律,我实不欲再谈,请作罢论,姑谈别事何如?"

濮曰:"我请来特要辩明此事。此照会乃光绪八年十二月,吕宋上宪札开,据吕宋国民妇哑其璘驰信禀称,伊回中国永春州谒

祖,欲再回吕宋,突被该乡强恶林浩等持刀阻止等情,请地方官查
办。九年二月初六,得前任厦门孙道台照复查明一切,以林登铁即
叶畴,自幼在吕宋生理,娶〔吕〕宋女生子味申的,次子毛厘秀。再
娶哑其璘为继室,生一女灭纳嶙傩,并无叶燕满只字,何得又添出
有三十岁之叶燕满? 足见中国有钱之人,即有人肯为其儿子,殊属
可笑。"

钧笑曰:"我说贵领事更可笑。"

濮曰:"何也?"

钧曰:"叶畴因有数万金,本非吕宋人,乃亦强作是吕宋人,谓
已入籍。假如叶畴是穷人,回中国病故,我度尔断不肯如此为彼
出力。"

濮曰:"贵道之言,咄咄可畏,何必多谈? 请详阅孙道台
照复。"

钧曰:"我实不愿注目。"

濮曰:"此乃要着,不能不请贵道一观。"

嗣接照复略阅一过。钧曰:"查叶畴本林姓,卖与叶姓为子。
叶畴早欲归宗,曾禀呈,为地方官驳斥。此照复皆系林姓所供,自
然无叶燕满名字。"

濮曰:"贵道太偏执矣。"

钧曰:"我实不愿与尔多谈此事,我欲一二日即回省垣,不久相
聚,莫若请谈外国风景。"

濮曰:"不谈此事甚好,免得彼此不满于怀,但明晚务必请来
晚餐。"

钧曰:"明晚英领事请晚餐。"

濮曰:"我亦与焉,顷接信改期礼拜五,即中国十三日。"

钧曰："既已改期,明日当来奉扰,但我来亦不谈公事也。"其时子正二刻,遂辞回寓。

十二日,酉初,拜会濮领事。戌正,晚餐毕,濮曰:"贵道既不谈公事,亦甚好。即仍发电禀公使,但公使与贵道相好,竟不能办妥此事,殊负我公使欢慰之心。"

钧曰:"尔不按公律办理,非我之咎也。"

濮曰:"名正言顺之事,贵道一定说我不按公律,真难解矣。"

钧曰:"强人入籍,擅收他人遗款,夺地方官办事之权,袒护奸商,尚说名正言顺,一何可笑!总之,我不必复谈此事,顷正想听抚琴耳。"

濮曰:"此事实应我保护,贵道既责我之非,不谈亦甚好,当抚琴以解尔闷。"

钧曰:"善。"

时已子初,濮曰:"可以解烦祛懑否?"

钧曰:"自然。若日日讲此公事,真要闷煞我矣。"

濮曰:"我明日即可发电禀知公使,何如?"

钧曰:"候我定期回福州,再发电亦未为迟。此事真意想所不到,贵领事如此任性。以前我未来,尚有分四股之一之说。今我来,竟欲全没此款,殊出人意料之外。"

濮曰:"我以前未接小吕宋复信,未查出孙道台照会,故欲以四股分一,得以早了。今已有实据,确不应分给叶燕满分文。"

钧曰:"如此办法,贵领事明明令我为难,我亦可令尔有后悔。出尔反尔,彼时莫怪我无朋友之情,盍细思之。"遂辞去。

十五日,戌正,拜晤濮领事。寒暄毕,濮曰:"两日未见,想贵道怀怒于心矣。"

钧曰："贵领事多疑。"

濮曰："贵道临行言我令尔为难,然我亦实有万难之苦衷,贵道何以不能体谅? 至贵道言亦有令我后悔之法,果何如? 请明示。"

钧曰："忆一千八百八十三年,德国有一案与此案相仿,曾将全案登诸日报,评论是非。嗣原告控诸上廷,主其事者得降职处分。贵领事如此行为,亦可照此办法。"

濮曰："我不畏人控告。前闻上海《中国日报》说我谣言,我亦惟有听之而已。总之,此事贵道不必多心。今既经查出孙道台之照会凭据,则叶燕满一文不能给与。今我不管叶燕满是否叶畴之子,凭贵道之言拨回四股之一,何如?"

钧曰："四一之说,贵领事早已形诸公牍,此时何用再说。"

濮曰："以前实未得小吕宋确信,未查出孙道台照会,尚可作四股之一。今已查出真凭确据,实属分文不能给与。"

钧曰："此皆欺人之谈。总之,系中国之钱,贵领事本不应管。今各国商人在中国获厚利者甚多,若我中国亦要将各国获利商人,强之入我华籍,所获之利亦归中国,试问贵领事能行之乎? 此种无理之事,实足令人耻笑。"

濮曰："不必多言。总之,贵道来此,我实格外将就,贵道以前所言给分一半,万难做到,我总增些就是。"

钧曰："一半之说我实格外通融,照地方官之意,必得全数归回方妥。此时贵领事即分一半,我尚要与地方官善为说辞,不知地方官可允与否。"

濮曰："大宪既委贵道来办此事,应有自主之权,何必商诸地方官?"

钧曰："大宪委我会同地方官办理,并无自主之权。"

濮曰:"俟贵道商妥再说。"

钧曰:"贵领事尚未说出分半实数,我何能与地方官相商?"

濮曰:"即使我说定实数,恐地方官仍难偿所愿。据实说,此事若非贵道来,我分毫不能拨还。我实因贵道为我西人中素所钦佩,若此事办理不妥,彼此不免令人窃笑,故乐得通融办理也。"

钧曰:"我不领贵领事通融之情,凡事只求有理。"

濮曰:"若真说理,则此事我之理长矣。"

钧曰:"安见理长?无据擅收人遗资,强人入籍,夺地方官之权,果真有是理乎?"

濮曰:"贵道不必说此言,免彼此又形龃龉。总之,此事三五日了结,以遂贵道速回福州之心。"

钧曰:"我实不愿再为迟延,但欧阳瑞泉冒充洋行买办,倚领事之势为护符,多行不法之事,情实堪诛。此事若非其从中把持,何至如此!及贵领事之通事许姓,我闻地方官言此事亦由彼包揽,且屡屡招摇生事。此种恶劣之人,贵领事仍保护信用,实足以失贵国体统。自后欧阳瑞泉贵领事固不可保护,盖贵领事亦不应保护,即许通事亦不宜久用。"

濮曰:"欧阳瑞泉以后我断不保护,但许通事在此公署二十余年,历任均加任用。且彼又深知我国人情性,熟悉语言,每月薪水亦属无多。中国人之能知我国方言者甚少,纵有能通中、日语言文字,充当翻译者,其薪水亦非三、二百金不行。我国家何肯出此重金,专请翻译?尔可原谅。"

钧曰:"福州英领事署有吴姓通事,已用二十余年,尚无十分劣迹,惟好生事。我告知英领事,即行开发。"

濮曰:"我国不同英国,处处有翻译官。我国各埠多用通事,盖图工资稍轻,以免糜费。总之,承贵道告我,以后断断不听许通事之言就是。"

钧曰:"不妄听实为贵领事之幸,我实关切贵领事,不然我亦不言。但此事明日可定议乎?"

濮曰:"明日欧洲信船开行不暇,十八、九两日当定议可也。"时已丑初,告辞回寓。

十七日,戌正,拜晤濮领事。寒暄毕,濮曰:"今日忙甚,晚上正欲请贵道来谈。我想此事不可太迟,莫若早日了结,免生枝节。"

钧曰:"贵领事早知如此,何必狡辩多端。"

濮曰:"实非狡辩。"

钧曰:"仍说非狡辩乎?此事若贵国知之,按公法论,即应全数归还中国,贵领事且干处分。"

濮曰:"何故?"

钧曰:"此事与《万国公法》一百二十四条不合。又万国公律,凡女嫁何国人,即从夫籍。前叶畴之妻哑其嶙禀诉一案,前领事照会地方官查办,送回吕宋已经不合公律,适彼时地方官不谙公律耳。若系我做地方官,断不容前领事如此横行。前次既为领事所愚,今贵领事又欲如前,不遵公律办事,万不能再事姑容。我实相告,此事我真存心忠厚,不然确有令贵领事骑虎难下之势。"

濮笑曰:"贵道如此法术多端,又熟西律,真可为西国状师。"

钧曰:"西国状师熟律亦有不论理者,我若果系状师,论事既遵律法,又兼有理。"

濮曰:"此言诚是。总之,此事即遵贵道之意,此款一半分回叶燕满,一半归味申的弟妹三人。然如此办法,实有益于叶燕满一人。"

钧曰:"昧申的不孝罪人,依律仍当重究。此时分渠一半,并非应得,实在法外施恩,有益于渠。贵领事似此包庇不孝之人,从此我中国将说西国人无五伦之道矣。此案贵领事实须知我格外通融之意。"

濮曰:"我实钦佩贵道善言,我万不及。今无他言,此事准十九日签押定议便是。"

钧曰:"此事虽已说定,惟欧阳瑞泉及入贵国籍之黄瑞曲行同无赖。此人虽冒充洋行买办入西国籍,闻家属田产尚居内地,贵领事只能保其洋行,不能保其内地家属田产。如再行不法,定当查抄其田地,严办其家属。贵领事若保护之,反为贻累,且保护此等人,足以损失国体。我实彼此关切,始以实言相告。"

濮曰:"承情,自后当严戒彼等,断不多事。但此事准十九日签押了结。"

钧曰:"自然。即此已属太迟,岂可再延?贵领事若遵照公律,我来两三日即已可结,断不料迟至十余日也。"时已子正,遂辞回寓。

十九日未正拜会濮领事。寒暄毕,濮曰:"今日贵道来定议此案,但叶畴遗款只有三万七千五百零九元。照此数各半,每股应摊银一万八千七百五十四元五角。若果照此,我即签押办结。"

钧曰:"尚有金钱等物,约值银数千元,何以不予均分?"

濮曰:"此乃昧申的交来,应还昧申的,与此银数无涉。且统计金钱等物,值银尚不到二千元,此铁箱刻尚封存,可以取出贵道一观。"

钧曰:"如此与叶杰原供不符。"

濮曰:"此岂我所能吞没乎?原物在此,贵道尽可核算。叶杰之供，何足为凭？前厦门道来文言，叶畴有数十万资产在吕宋，试问确乎？"

钧曰："我曾提叶杰详讯两次，据供二十年前确有三十余万，近年经营亏倒。此时吕宋尚有房屋约值银三四万，断非妄供。"

濮曰："据愚人一面之词，究竟不足为凭。"

钧曰："我已商之刘道台，谕饬在吕宋华商董事据实查明，俟查覆再议。"

濮曰："在吕宋资财多寡，我亦不理。今叶畴子女均在吕宋，即使有三四万，只要味申的等肯分与叶燕满，将来只有叶燕满亲到吕宋呈控该处地方官办理。"

钧曰："将来亦必须贵领事将全案呈请贵公使，咨明吕宋。若叶燕满去吕宋，仍须贵领事签字。"

濮笑曰："贵道办事太认真，亦未免太偏。我想叶燕满分此一半之款，即为梦想所不到。彼已得意外之财，岂尚不心足乎？今案已定结，我实相告，叶燕满确非叶畴之子，不过因此案始认作叶畴子嗣。前厦门孙道台来文，固无此子。今味申的兄弟亦在我处，切实呈明叶燕满非其兄弟。我曾访问至再，众口一词，此案只因贵道来办，不然我断断不能分与叶燕满分毫。况叶畴存款，字据均系写林登铁，并无叶畴只字。前贵道言叶畴负心忘本，似诚有之。我因此格外通融，盖贵道来此办理，我不能将此案了结，不但使各国领事笑我寡情，况贵道素为我国王公官绅推重，即我国官绅闻之，亦不免言我不善变通也。"

钧曰："我前已言过，不承贵领事情，今又来说。若办公事均讲情面，则可不必办事矣。"

濮曰："我不问贵道知情不知情，总之各自问心，毋庸多说。如贵道照前议即可签押,三日内将银交出。"

钧曰:"照贵领事所言,仍难如命。"

濮曰:"既如此,贵道办事太觉过于认真。"

钧曰:"办事自当认真,岂可含糊?然我办交涉十余年,遇事持平,可已则已,向不吹毛求疵。往往无论中外各事,稍与情理不洽,虽上宪许之,我仍可以坚拒。十年前,广东省城与英国争地,及香港、澳门洋药六厂等案,皆由我力拒办结。总之,遇事与我商民稍有吃亏,大局有碍,我宁去官罢职,亦必认真办理清楚。我想人人做官率以功名为重,我则视名利最轻,只求办事认真,正直无私,足以名留后世。虽高爵厚禄,非我切望也。"

濮曰:"我西国人视功名甚轻,视利稍重,亦多有著书立说,求流传后世者。贵道办事认真公正,较著书立说流传尤胜。天色将暮,何不在此晚餐?"

钧曰:"尚有别事,改日再谈。"

濮曰:"岂此事贵道仍不欲今日定议?"

钧曰:"我尚要与地方官商量。"

濮曰:"只要贵道允许,我想地方官无有不可,即地方官无不感激贵道与彼等了结此案。"

钧曰:"此乃公事,地方官无所谓感激也。"遂辞回寓。

念二日,戌初,拜会濮领事。寒暄毕,濮曰:"两日不见,何其忙也!"

钧曰:"前晚往拜道台,昨晚美领事请餐,故未走访。"

濮曰:"曾与刘道台商妥此事否?"

钧曰:"地方官均说贵领事偏执。"

濮曰:"地方官未必说我偏执。想贵道总欲办理认真,以留名后世耳。"

钧笑曰："贵领事心胸太小，此等细微之事，我了结不知若干。若以此等事即欲留名，则我以前所办之事，不可枚举，何足计数。"

濮曰："前言戏之耳。总之此事贵道之意如何？"

钧曰："拟并金钱等物平分。"

濮曰："金钱等物你看过，不值二千元。又系味申的亲手交来，实与此遗款无涉。"

钧曰："何以无涉？原案业已声明，贵领事定要不算在内，将来更不免人说贵领事据为己有矣。"

濮曰："休矣，既如此，即照分亦可，但必将此案并欧阳瑞泉一起了结清楚。不然你们地方官将来又与欧阳瑞泉为难，则又生出枝节矣。"

钧曰："欧阳瑞泉被人控告，应由地方官办理，我不能管。不过看贵领事情面，我转达地方官不予深究，或者可行。"

濮曰："善。今日礼拜，贵道请礼拜三来此定议何如？"

钧曰："可。"

濮曰："金钱各物仅值二千元，并三万七千余元，统计不过三万九千余元，各半每股一万九千余元。"

钧曰："我想何不以二万元归叶燕满，余均归味申的，免费周折。"

濮曰："如此，岂非叶燕满愈得便宜，所分更比味申的为多乎？"

钧曰："即照贵领事计核，多分不过四五百元，何贵领事如此狭量？以二万元整数归叶燕满当堂具领，何等省事！"

濮曰："唯唯，即遵贵道，以二万元分叶燕满。"时已子正，遂辞回寓。

念四日，未正，拜会濮领事。寒暄毕，濮曰："贵道带凭据来否？"

钧曰："要何凭据？"

濮曰："交叶燕满二万元，无凭据何能交？"

钧曰："叶燕满当堂缮具领状，即是凭据。"

濮曰："不然。此银票已签贵道之名，故须贵道凭据。"

钧曰："此银与我无涉，何以签我名字？万万不可，请签叶燕满名方合。"

濮曰："亦可。但必得贵道与刘道台出一照会，言此款交叶燕满，并将欧阳瑞泉一总销案，以免将来地方官借端生事。"

钧曰："欧阳瑞泉本有应得之罪，不从重办，即是留贵领事情面，若定要销案，全不究问，实属不成体制。将来人人可借领事为护符，地方官岂不是不用办事，一切事权将为各国领事所有？似此有关大局，我实不能答应。"

濮曰："然则贵道与地方官之意，必得办欧阳瑞泉乎？"

钧曰："自然。"

濮曰："贵道前日已言不予深究，何以仍要办渠？"

钧曰："不深究者，不从重办也。"

濮曰："既不重办，又有何轻办之法，请明示我。"

钧曰："若按原告控欧阳瑞泉情节，按律应发极边充军，从轻亦当杖八十，徒三年。即按西律，重则监禁五年，从轻亦当监禁三年。"

濮曰："未免太过。"

钧曰："我国法律有一定之例，如非交涉之案，丝毫不能通融。

至于事关交涉,格外从轻,实是变通以敦友邦之谊。"

濮曰:"既是如此,我们可以西律定拟。"

钧曰:"亦可,按西律从轻监禁三年。"

濮曰:"照西例有遵罚免罪,今欧阳瑞泉亦遵罚例,可乎?"

钧曰:"可。"

濮曰:"应罚若干?"

钧曰:"此等罚款,由地方官作主,我不能干预此事。"

濮曰:"地方官我实不愿意与彼说话,我即饬欧阳瑞泉遵罚洋一千元,何如?"

钧曰:"西国监禁三年之罪,罚千元即能邀免乎? 总之,此等事应由地方官办理,我不能作主。我今日回去,与道台商定办法,照会完叶燕满领款之事可也。"

濮曰:"请明日办照会来,我明早将银票更换叶燕满名。务请贵道与道台商妥,欧阳瑞泉从轻罚办。"

钧曰:"就是。"遂辞回寓。

念五日,申初,拜会濮领事。寒暄毕,濮曰:"照会办妥带来否?"

钧曰:"照会在此,请看。"

濮曰:"甚妥。但仍要欧阳瑞泉到案具结,岂不又多一番周折?"

钧曰:"官事官办,必得如此,方成体制。"

濮曰:"实在可以邀免。我饬欧阳瑞泉多罚缴一二千元充公,想亦可行。"

钧曰:"此罚款与我无涉,请与地方官说。"

濮曰:"我只认识贵道台,况此案是贵道办理,我不能向地方官说。总之,我示谕欧阳瑞泉,遵罚洋三千元便是。"

钧曰:"似乎太少。然明午我与提台、道台在道署请各国领事午餐,贵领事亦在座,何不面说?"

濮曰:"人多不便谈及公事。"

钧曰:"无妨,另有厅房可以稍谈片刻。"

濮曰:"既如此,亦甚好。"

钧曰:"请即签押补一照覆。"

濮曰:"办汉文之人不在此,总之此案已定,万无变更,银票请贵道照收。"

钧曰:"不可。明午贵领事到道署,面交可也。"

濮曰:"贵道太小心。此案与贵道办结,虽稍为吃亏,我亦愿意。我国官绅多与贵道交好,将来各人知之,无不称快。亦难得上宪知人善任,委贵道来办此事,致能成功如是之速也。"

钧曰:"诚然。但彼此既是交好,当劝贵领事,自后我中国人之入籍西国者,多非善类,万勿轻信若辈唆耸,致生事端,是所厚望。天已晚请辞。"

濮曰:"请放心,我断不致轻信小人之言。但今日既已办结此案,必得在此晚餐,借以畅谈西国风景,并抚琴为乐,何如?"

钧曰:"甚好。"

濮曰:"今晚应畅饮数杯。"

钧曰:"此案已结,自当畅饮。"

濮曰:"叶燕满之款究竟能否如数领足?"

钧曰:"由地方官当堂具领,分毫不能稍错。欧阳瑞泉罚款,亦系充公作善堂经费。即我来此一切用费,皆系自己赔垫,地方官供应一概拒绝。"

濮曰:"我深知贵道廉洁。此间亦有人说贵道到此,地方官供应一概不要,我实拜服。但如此办事,未免太苦。"

钧曰:"办公若非如此,何足以昭公允? 我想为官不能清正,徒足以遗子孙害。况天之报施,如影随形,凡做事何敢欺天乎?"

濮曰:"所言确实不错,我西国人有立心不良者,亦报应甚速,足见中外皆同一理。时已戌初,请用晚餐。"饭毕,闲谈至子初,遂辞回寓。

办理福州美商波不律轮船平潭触礁一案

美商波不律轮船,于平潭地方触礁。经英商邱士拍买,英领事照会通商局,请给护照,前往打捞货物、船中机器。本局饬地方官保护,嗣英商带领数十人前往平潭,正遇渔户、乡民亦在彼处捞取货物。英商呈请地方官驱逐,地方官不理,英商禀请领事要索赔银二万五千两。当事颇为掣肘,并拟酌量议赔以息事端。钧曰:"此等事果允其所索,无怪乎以前交涉事赔款累累矣。"

当事曰:"岂有既索不赔能了事乎? 此事如办理得宜,或赔七八千金,不然恐万金尚不知能了与否。但将来赔款应摊派平潭之民,似不能以官款相偿也。"

钧曰:"际此时事多艰,首在固结民心。此等事亦令百姓摊赔,纵使遵议,窃恐民怨日深。其实可不与议赔也。"

当事曰:"究竟有何善法可以拒之?"

钧曰:"查英商不过仅费洋银千元拍买此船,以千元之本,索赔二万余金,有是理乎?"

当事曰:"事虽如此,然洋人多狡,凡事执拗逞蛮,有何理说?"

钧曰:"洋人逞刁,皆由平素迁就过甚,故气焰逾骄,动行要挟耳。"

当事曰:"此事请君往议何如? 但恐不赔未必能行,要宜酌夺善法与之辩论方妙。"

钧曰:"此须见景生情,随机应变。即使主意拿定不赔,亦不能先定善策也。"

当事曰:"但愿不赔最好,恐做不到。"

钧曰:"英领事本约今午会议,即当如约前往。"

当事曰:"全仗大力维持。"遂退。

司道为钧言曰:"此事颇为费力,非数日所能议妥。"

钧曰:"要妥即在此一行,如今日不能了结,恐转生枝节矣。"

初四日,午正,拜会英国领事费理士。寒暄毕,费曰:"我备便酌,候贵道来,借以酒叙。"

钧曰:"曾用午餐矣。"

费曰:"既用过午餐,可略用酒果何如?"

钧曰:"善。"

用毕,钧曰:"尔我可到公事房谈论公事乎?"

费曰:"甚好。"遂到公事房叙坐。

费曰:"我日前照会平潭乡民抢掠触礁轮船货物请照赔偿一案,贵道之意如何? 制台曾授贵道办理此事之权否? 但此事商人禀呈情词恳切,纵使不能如数,吾看至少亦在二万两方能了结。"

钧曰:"制台委我与贵领事理论此事。我想贵领事平素人甚精明,何以今日忽尔糊涂?"

费曰:"何所见而云然? 据商人禀报,该处乡民强抢,情殊可恨。中国民抢外国船上货物,要地方官赔偿,乃按条约办理。若不如数照赔,并为严办刁民,恐将来效尤者众,则轮船遇事更不可问。"

钧曰:"我因此案实无脸面,贵领事尚说出此无理之言,若经制台闻知,更笑贵领事不通情理矣。"

费曰:"我据理按约办事,何以无理?"

钧曰:"今早我与司道同见制台,并将贵领事照会呈阅。制台看至二万余两之语,忽拍案大怒曰:'闻英商拍买此船不到千金,今竟索赔二万余金,想该商未拍买此船以前,必有心欲借此讹人。如此行为必是英国无赖洋人,决非殷实商家。既非殷商,则所言地方官不能保护,乡民抢掠货物,全不可靠,何能凭信!'复对我云:'尔常言费领事人甚明通,办事公正,又不袒护彼国民,今以此案观之,尔前称赞该领事之言全然不符。'我闻制台所言,我似难以为情。尔我共事以来,凡事均持平商妥,今因此事,制台言我从前赞扬贵领事,似属虚妄,实与我脸上无光,有不能不为贵领事辩说者。"

费曰:"贵道如何辩说?"

钧曰:"我对制台云:'此事不能怪费领事,实系商人之过。'制台云:'费领事若果公正精明,何致偏听无赖商人妄说?'我对制台云:'泰西律例,凡商人禀告事情,如我中国之录供,要紧话万万不能删去。此事商人索赔银二万五千两,即费领事明知无理妄索,不能不照其原禀照会。如将此索赔字样删去,或不允与商人办理,商人可向彼国驻京公使控告领事不能保护商务,故领事不能不照该商禀词全录也。'制台点首云:'既如此,无怪费领事之错。然英为欧洲一大国,乃亦有此等无赖。此种商人,不驱之回国,不免有失彼国体统。'"

言毕,费似面有惭色,良久答曰:"幸而贵道熟谙西例,代为辩明,不然真为制台轻视。然我不能不将实情相告,日前接阅禀词,我极欲将赔偿之语删去,并以现有蔡道台办理通商,深谙西例,未必答应,令该商将赔偿一语去之,奈该商不遵我言。诚如贵道所云,泰西律法不能不按照商人禀词办理,实为不得已之苦衷。现既如此,制台之意愿赔多少?"

钧曰:"因此赔字,我不知费尽多少唇舌,始为贵领事辩明,不然制台视贵领事为何如人耶?尚再提及此赔字乎!"

费曰:"譬如不再言赔,如何了结?"

钧曰:"我有善法。"

费曰:"请明以教我。"

钧曰:"我今回去即当禀明制台,明早派干员乘兵轮赴平潭,严饬地方官,限十日内将乡民、渔户传集。有曾取该轮船货物者,无论破木废铁,亦令限内呈缴,如敢隐匿,即行严办。然贵领事亦当严谕商人,宜凭天良,切莫明知船上失物缴齐,仍然妄索,否则乡民不免枉受地方官严责矣。"

费曰:"贵道如此办法甚善,我当遵谕严饬商人万万不敢妄索。"言毕,握手告辞。

嗣委蔡令伯昂等二员,前赴平潭查办,追还乡民所取之洋面、杂货及船中木料、铁链等物。复据该商禀呈领事照会,以尚短铁器二千斤之多,仍须勒令乡民赔偿。

当事曰:"此事万不想办理如此神速得体,彼今索赔二千斤铁器,所值无几,可以照偿了事。尔可知前数年亦因轮船触礁,〔赔〕索赔十万之事乎?"

钧曰:"交涉事往往迁就洋人,彼族以为可欺,遇事索赔,故有今日之患。今铁器二千斤,虽值无几,果如所索,则所关甚大,明日当再与之理论也。"

念一日,未正,拜会英领事。寒暄毕,费曰:"承委干员前往办理平潭一事,甚为感谢,追还各物,均经商人照收。但据该商禀称,尚短铁器二千斤,请地方官勒令乡民赔还。我想二千斤铁小事,亦不过值数百金而已,可请速饬地方官令乡民照赔,以便了结。"

钧曰:"前已屡言,请贵领事勿为商人所朦,何以始终仍为该商所愚也?该商本欲借此索赔巨款,未遂其谋,今竟妄言短铁二千斤,欲索赔数百金。果如所索,则其拍买此船之本可偿矣,以所追还之货物等件,作为赚出之余利矣,岂有此便宜事乎?且此船乃美国商船触礁,由该商拍买而来,触礁时货物已漂流四海,何以该商竟知确实少去铁器二千斤?何况轮船失事,货物漂没,则有之铁器重物,不在船中即沉海底。乡民虽欲搬运,非人力所能及,其为妄禀讹索明矣。据我看来,尤不可因此小事索赔,有失贵国大体也。"

费曰:"商人刁狡,殊为可恶。既据禀陈,又不能不照会贵局办理。我可将贵道所言,转谕该商,以杜妄念,何如?"

钧曰:"我非因此小事为贵领事又来争辩。第思我国与贵国通商,较他国尤为亲近。虽贵国都城在欧洲,但亚洲南洋岛屿多属贵国,则我与贵国不啻唇齿相依。既系中外一家,若贵国有失体面,即如失我国体面一样,必须彼此愿全大局,勿使贻笑他国为妙。"

费曰:"贵道所言诚是,此短铁一事作为罢论,请禀明制台,切勿介意为感。"

钧曰:"既如此,我定将贵领事好意代达于制台之前。制台必钦佩贵领事公正持平,亦足见我前赞扬贵领事之言为不谬也。"一笑,握手而别。

办理芜湖教案

初一日,巳初,有人持管理安徽天主教文案司铎戴尔第名片,以戴司铎欲今日拜访,请定时刻,钧约未正来见。于是未正一刻,戴司铎来,旋偕张令、丁司官接见。

握手寒暄毕,钧曰:"贵司铎今日来拜,是访友乎?抑谈公事乎?"

戴操英语曰:"久仰贵道台大名,专诚拜谒。"

钧曰:"既承枉顾,命仆从开樽,畅饮以尽友谊。"

戴曰:"量拙未能多饮。惟久闻大人能通英、法、日三国语言,究以何国语言为最精?"

钧曰:"此三国语言虽晓,均不见精。闻贵司铎系德国人,惟德语我已忘之。"

戴曰:"德语中国学者甚少,故忘之更易。但日前倬、王两大令往返论及教堂之案,我们均不甚愿意与商,欲会大人面议,以免转折,未识大人愿意否?"

钧曰:"我向办交涉事件,无论巨细,皆系面议。因到此之始,彭道台以倬、王两令与贵司铎熟识日久,命两大令与贵司铎面商,似为妥协。"

戴曰:"我们愿意见大人面议,不欲倬、王两令往来传说。"

钧曰:"我亦甚愿晤司铎面论其事,然贵司铎今日欲谈公事,仍操华语为佳。"

戴曰:"似以西语方能畅达。"

钧曰:"此乃中国公事,以华语理论,人皆知之,似不应以西语问答也。"

戴曰:"遵命。"

钧曰:"此番之事,本系衅由教堂所启,无知愚民致生疑虑,游民匪类借此生端。此时不必深论起事之由,今圣恩高厚,谕令查勘焚毁房屋,核实赔补修费。本道昨奉南洋大臣特派,来此查勘议结,故十五日与彭道台拜会滕司铎时曾言明,将来会议赔补修费,确不比贸易价有增减。你们教堂房屋所值几何,并书籍、器具、衣物若干,我胸中早有数目,亦不能任从混开。总之,务宜核实详细开列,俟会议之日,各司铎能对天主明誓,毫无朦混浮冒实数,我们如数照偿,决不驳减。乃贵司铎到此,不待我们公同会议,且未当天主前明誓,即以偿价告知俸、王两令。嗣两大令禀覆彭道台,立即如数照允,如此爽快许诺,亦可谓推诚极矣。若果依我之意,尚未详开细数,又未当天主前明誓,且所开价值大有虚浮,本道本应核减方足以昭公允而服民心。今彭道既如此推诚相待,尔尚贪得无厌,如此举动不但不能仰体天主传道之义,似更有负西国善士行道之心。"

戴曰:"我们既闻大人有须对天主明誓以后,如数照偿之说,故并不敢多开浮数,况我们外国人向说实话。"

钧曰:"不然。即如以前福建省之同安县,焚毁教堂数处。索赔六万金,地方官已愿给四万,教士不允。嗣我叠接闽中大宪电请,赴闽办理此案。抵闽将全案详阅,内开房屋所值不过万元,惟陈设不下数万金,不胜诧异。旋邀领事、教士在礼拜堂会议,对众曰:'我游历欧、美诸国,阅教堂多矣。房屋华美壮丽者有之,堂内陈设所值不过二三千元。岂在中国外县乡间,教堂又系民房,陈设竟值数万金。此岂欺我中国耶?抑欺天主耶?果能以所开之数目,在天主前明誓,当如数照赔,否则只能给修补房屋之费,器具陈设分文不能赔补。'然教士竟不敢明誓,足见浮索,问心不能对天主耳。嗣往反互论二日,卒以二万元议结。"

戴曰:"闽省乃西班牙天主教士,或有朦混。"

钧曰:"同一教士也。总之,无论中外,凡传教者首在公正。即天主教亦以赏善罚恶为主,所以天主云,有私贪分文者,即系教中罪人。试问贵教士所开之数目,能告无罪于天主乎?"

戴曰:"我们办事,问心实可以对天主。"

钧笑曰:"果如此,不致民怨生事矣。"

戴曰:"究竟八角亭鹤儿山地址,何以彭道台已允又反议乎?"

钧曰:"俸、王两令误传其词。当初彭道台本言地址可以给他,但须请大宪核示,方能允准。"

戴曰:"俸、王两公已云,彭道台允许确实,何以爽约?"

钧曰:"我系奉南洋大臣特派来此,有办事之权。彭道台曾否确实许给,我并不知,但我并未说过许地只字。"

戴曰:"究竟大宪想速了此事否?"

张令曰:"若不想速了,又何必特派大员来此。"

戴曰:"若地址要另案办,只有毋庸议。"

钧曰:"既如此,非我们不想速结,是贵司铎有意刁难也。但焚堂赔修,毁物照数,款已有余裕,以此事请诸国评论,中国理直。至于索地一层,实属骇人。听闻照公法,除非两国交兵,败北议赔兵费之外,再行割地则有之。从未闻教堂被焚,赔补房屋、器具之外,既有盈余,仍作索地无厌之请。我未便违背公法,亦不甘开无理之端。"

戴曰:"既如此,只可发电至京,请公使与总署理论。"

钧曰:"请速发电,我不能因此小事,在此久住。我于福建各处,尚有紧要公事,三两日间不能定议,我将去矣。况我实不愿在此会议,莫若到沪与贵主教及总领事面商,似更容易了结。"

戴曰:"若到沪议结,于我分上似不雅观。"

钧曰:"莫怪我们不欲在此了结,应怪贵司铎过于吹求,乃自取之也。"

戴曰:"究竟另案办理限以何期?"

张令曰:"不能定期。"

戴曰:"前日倬、王大令云,彭道台有限三个月之说。"

钧曰:"我不知悉。"

戴曰:"大人系南洋大臣特派来此,有专办之权,遇事应需大人作主,何以彭道台不先与大人商量?"

钧曰:"彭道台有地方之责任,我只管查勘焚毁房屋、器具,核实赔补。索地本意外要求,可不与闻。"

张令曰:"何以一定要此荒地?"

戴曰:"此地在教堂东边,地势颇高,常有人溲便,殊为秽污。且要此地,以补神父开棺见尸之耻。"

张令曰:"秽亵天主,我们大宪亦不愿意,地方官之心亦不安,奈何不能并案办理。至以地赔补开棺见尸之耻,总署及大宪更所不愿。"

钧曰:"开棺见尸,索地赔耻,实中外古今罕闻。按西律第八款十六条,盗匪开棺见尸,应得监禁五年之罪,中国律则应处斩枭。此案若诛一人,足偿神父之耻,今已诛二人,则办理不为不严。况既已赔偿房屋、器物之值,圣恩可谓天高地厚极矣,仍要索地,万无是理。"

戴曰:"我们不必说理。"

张令曰:"办事不论理,亦是中外新闻。"

钧曰:"果交涉事,西人均能按照条理,公正持平,则官绅自然敬服,士庶绝无怨忿,又何至有焚堂叠见事哉!"

戴闻似有惭色,曰:"我今无另办之权,未便多言。"

钧曰:"我们奉谕,无并办之权,未敢擅专。"

戴曰:"我候回电如何再议。"

钧曰:"既如此,不必再谈公事,仍论朋友之道。"

启樽再饮,戴饮毕喜甚,曰:"我要告辞,但我们今日正如法国与我德国失和,白日两国交兵,晚间彼此将士同饮。"

钧曰:"诚然。即如法与德失睦,亦系法国欺凌德国极矣甚矣,德国官怒民怨亦深矣,屡为法人挟制,要求日甚,以致奋然自立,与法抗衡,卒以挫法。前法王拿波伦第一,威镇欧洲,其伐俄即以无粮而败。即如美国初兴,百物未备,华盛顿坚忍百战,卒以挫英而自立。总之轻敌必败,今古万国皆然。近年西人气焰太甚,民怨日深,实非西人欲求永享太平之福,将来殊可虑也。"

戴曰:"大人所言甚是,但以后我专诚拜晤大人,会议一切,毋庸俸、王两令传说,何如?"

钧曰:"如会议公事,须邀彭道台方可。况我遇事必得据理争论,恐贵司铎未必合意也。"

戴曰:"我议事要遇明白爽直之人,即使訾我、骂我,亦所甘心。若遇糊涂无能者,我实不愿与之交谈也。"言毕,握手辞去。

初二日,申初一刻,回拜戴尔第,另有教士滕百禄与戴出迎。握手寒暄毕,钧曰:"今日专来回拜。"

戴曰:"谢大人劳步,但昨日承大人厚情,多饮几杯,言语恐有疏忽,伏乞恕之。昨回来与夏、滕两司铎,谈及大人忠直爽快,令人拜服。至于地址另办一层,我们尚须请总教主示下,方能照办。务请大人屈留三两天,俾可早日定议。"

钧曰:"果三两天能一准定议,我可在此稍候,再迟不能相候也。但此事我劝你们不必观望迟疑,即总教主亦不能不以情理论事。日前,彭道台如数允偿,毫无核减,如此推诚相待,实自通商以来交涉事所未有也。"

戴曰:"我们实闻大人有云,须明誓问心,可对天主。故不敢多开数目,不然开报不止此数。"

钧曰:"初闻贵司铎只求偿十一万一千元,此乃俸、王两令传说之误。彭道台既误会其意,即以两数照偿,本道亦未便深究。今偿款大有余润,似已远胜贸易,贵司铎又可添置房屋矣。依本道之意,未将数目详细开明,并当天主前明誓,仍不能作算,必得核减。然既已彭道台照允,似难爽约,本道只有听之。你们教士中往往借此需索要求,以致不能取信于地方官,士民之心,因此积忿日深,每每教堂生事,实自取之。"

戴良久答曰:"实系要十一万一千两。然闻中国人在外洋亦有被人焚杀之事,曾索赔偿。"

钧曰:"有之。八九年前我华人在秘鲁国贸易、佣工,被乱党毁杀,计死伤者甚夥。然被毁抢财物约计一百数十万之多,事后开报不过仅令偿十分之一二耳。试问各国遇此等事,能如是乎?所以我国家深仁厚泽,内治以庶民为邦本,外交以睦邻为怀柔。遇交涉事,可已则已,向不吹求,亦欲各国永远和好,同享太平之福。"

戴曰:"我们各国遇有交涉事,皆按公法条约行事,又何尝敢有多事?"

钧曰："不然。若照《公法》第一百二十二条，曰凡通商于彼国者，不夺地方官自有之利权。今我国之利久为西国夺尽矣。若地方官之权，不但通商口岸遇事，领事夺之，即各处教士袒护教民，每每教民生事，被人告发，教士尤力为保释。地方官碍于教士情面，未便深究，其权亦为教士所夺。至于美国，恐华人有碍其国工人，居然禁阻。然美国之与华人为难者，埃利士客民耳。华民与彼邦客民不洽，尚敢违背条约，如诸国在我国各省传教，良民深不愿意，往往教士袒护教民，以致民心日忿，若照美国办法，亦可禁阻，不准在中国传教。由此观之，西国之守公法条约，又何在哉？如英国之蒲晏臣，即不遵公法者也。我想国强，公法亦可得而废之。"

戴曰："大人西国事例知之甚深，无怪乎我西人以律师称之。总之此事另办，想必可行，俟总领事示复，即可定立合同就是。"

钧曰："有何合同可立？不过定议偿款之后，俟总领事照复，彼此画押签字了结案耳。本道想此事能否照行，教主及总领事亦听贵司铎各人调度。即如此处地址，贵司铎不从中唆耸，教主及总领事又从何知之？本道前到各国，深知各国政府、议院每遇一事，必秉公持平，向未闻稍有偏执。所有与我中国交涉事件，若西国政府、议院，知公使、领事、教士如此妄求，断不答应。故西人教士若不深思远虑，窃恐众怒难犯。一旦忿激，虽地方官欲竭力保护，亦恐不及。果欲在中国久远传教，不可不早为深思也。"

滕百禄操法语曰："大人所言有理，我们不必再谈公事，且为大人敬酒一杯，稍用茶点。今日大人说话太多，难免口渴。"

钧曰："今日不得谓说话过多。前在香港因税厂事及厦门交涉各案，每日辩论总是三两时辰。但我无论何处办事，总以情理论之，往往西人强词夺理，殊非忠恕之道。"

戴曰:"大人共到过几国?"

钧曰:"初由日本至美国,嗣由美渡大西洋至英,而后到法国,随驻西班牙国两年,曾游历德、俄、意、澳诸国。即贵国首相毕斯玛及二太子,我曾握谈两次。毕相年纪虽老,精神强健,谈论确有卓识,令人钦佩。"

戴曰:"旋华时由红海渡印洋乎?"

钧曰:"然。"

滕曰:"大人已游地球一周矣。"

钧曰:"凡到各国,留心细察,似政府举动、论事均甚持平,与驻扎我国京城之公使及各口领事迥然不同,殊甚不解。时已将晚,本道欲告辞矣。但贵司铎务必早日定议,我实不能久延,因闽省有要公候本道前往办理也。"

戴曰:"多则三日,准可定议,务请大人暂留数日。惜乎夏司铎有事他去,未能在此拱候,俟明日当偕同前来拜谒。"

钧曰:"深承厚爱。"随握手相辞回寓。

卷　二

办理建宁大洲地方乡民拆毁医馆凌辱教士案

五月十一日晚，子初，抵福州南台，闻费领事次日交卸赴沪。十二日早，往拜会费领事。寒暄毕，费曰："贵道今日到此，得以面别，快慰之至。何以贵道久不来闽？渴念殊深。"

钧曰："闻贵领事将去，前接贵领事函约，赶即到沪。抵沪后，闻贵领事因大洲一案，少有勾留，特拨冗来闽送行。"

费曰："感谢之至。我在此处与贵道交往六年，凡遇交涉之事，和衷办理，大事化小，小事化无，然诸叨厚情，深感无既。至前贵道所云乌石山房屋，曾婉禀驻京公使，已奉宪谕归还地方官。前已函告贵道，想已鉴及我之用心矣。"

钧曰："承贵领事数载关爱，遇事通融商榷。乌石山房屋归还，即闽中官绅，无不感谢贵领事之公正和平，始终顾全友邦之谊。本道办理通商交涉事将及念年，各国领事中，如贵领事深明大义者，实所罕觏。奈何贵领事以医生诊视贵恙，不宜久住中土，贵领事借此归田，实闽峤中外商民之不幸。"

费曰："实因年已将迈，不得已请休回国，蒙君主天恩，赏食全俸。但愿贵道早日出使英国，得以海外重逢，实为朝夕盼祷耳。"

钧曰："果能再作重游,固所愿也。"

费曰："我驻福州数载,亦幸中外相安。上年江、皖各处闹事,福州安静。不料交卸在迩,建宁府之大洲地方乡民,拆毁医馆,凌辱医士、教民甚惨,此中情形骇人听闻。出此重案,实出意外,贵道想亦早有所闻。"

钧曰："曾阅西报论及此事,急欲来此,因值南洋大臣巡阅宁、沪,公事甚繁,未能分身。"

费曰："此案为瓯宁绅士朱紫佩倡首,情实堪诛。此时非先重办朱紫佩,万难议结。"

钧曰："不知朱是何等绅士,是否科甲出身?"

费曰："然。"

钧曰："此系读书人,万不致倡首作违旨犯法之事。"

费曰："众口一词,且马大令亲口与叶医生说系朱倡首。"

钧曰："此中必有缘故,我想即使确是朱紫佩倡首,马大令万不能对叶医士明说。想系马大令接任伊始,闹出此事,恐干宪怒,故意推过于绅士。抑或马大令与该绅士不洽,亦未可料。我想叶医士既系施医行善,地方绅民只有感德,何至激成众怒? 必系教民及医生门徒倚势欺人,有负叶医施医行善之心耳。"

费曰："此亦恐在所不免。但我交卸在即,忽遇此等重案,心甚不欢。又恐新任听教士、医士之言,借此要求,故先定办法五款,以便贵道来此易于商办。想贵道必能持平议结也。"

钧曰："感谢之至,但此案如何情节,未知其详。俟今日到局查阅案卷如何,自当秉公办理。"

费曰："贵道愿见新领事乎?"

钧曰："极愿。"

费随即请新任胡领事出见。握手寒暄毕,费曰:"蔡道台戆直爽快,遇事商办向不因循。嗣后有事,亦如我之深信蔡道台,无论事之万难,自然易于办结。"

钧曰:"我想胡领事一见如故,人极和平,必能如贵领事一样,遇事和衷商办也。但贵领事何不多留旬日,办结此案始行乎?"

费曰:"贵道若早来,亦可议结矣,今则万难遵命。今晚六点钟登舟,在沪小作勾留,念一日始由沪启程。贵道能来沪面别,幸甚。我太太来信,承贵道赠送厚礼,实感深五内。"

钧曰:"尔我数载深交,赠别故所应尔。但今日进城事繁,不能出城恭送贵领事行旌,殊深抱歉。倘得速结此案,必速回沪江,与贵领事面别也。"

胡领事曰:"贵道办理必能妥速。"

钧曰:"我之办事向无犹豫,可者许之,不可者拒之。故承各国领事见信,无不推诚布公。"

费曰:"实系不错。"于是又寒暄数语,握手言别。

十六日,未刻,拜会胡领事。寒暄毕,胡曰:"本领事约明日到通商局会商此案,接贵局复函,改订十九日。"

钧曰:"明日陈道台各人有事,未暇接见,故改期耳。但本道自十二入城,连日详阅全案,此中情节甚多,不能不推求详慎。刻已委员前往查办,必得委员查明禀复,始能会商。贵领事若专为此案会商,一时未便定议也。"

胡曰:"何以委员至今尚未禀复耶?"

钧曰:"因上府大水阻滞,委员前日始去,大约查明禀覆总须两礼拜矣。"

胡曰:"万难久待。刻下叶医士及教民见证均来此,我欲贵局派员会讯教民人等确供。然后请督宪将朱紫佩拿解到省,及马大令亦应来省对质。"

钧笑曰:"贵领事既来华年久,岂不知我国政令乎? 况非初任领事,岂不知公事乎?"

胡曰:"何以?"

钧曰:"凡审理词讼,万无讯一面。即按西例,亦必得两造人证均齐,始能集讯。况朱紫佩系工部主事,非平常人民可比。且是否朱紫佩倡首,委员尚未查明禀复。即使委员查实朱紫佩确是倡首,有应得之咎,尚须由督宪奏明,请旨将该员革职,始能归案审讯。岂能任听一面之词,遂行拿解乎? 马大令有地方之责任,又岂可因此案来省对质,遽离职守乎?"

胡曰:"既不能将朱紫佩拿解来省,请督宪电传他来,想必可行。"

钧曰:"不然。闻朱紫佩丁忧人员,即使督宪电传,朱绅可以推说守制,未便干预公事。即使朱紫佩肯来,而你们建宁一府传教,恐从此又不免多事矣。"

胡曰:"何以多事?"

钧曰:"朱紫佩算系建宁府瓯宁县大绅士,又系孔圣教中首领。倘朱绅来省,通县文人必生猜疑,果知因拆医馆事令朱绅到省,谣言必生。文人中既生谣言,乡民必成众怒。南雅口相离数十里,传教之人甚多,倘一旦愚民借此生端,南雅口教堂、教士恐难保全。虽地方官加力保护,亦恐不及。闻马大令到任甫数日,欲与叶教士速办此案,操之太急,生此祸端。若照贵领事办法,恐必致激成民变,更有甚焉,岂南雅口一带地方,自后不想传教耶?"

胡领事良久答曰:"贵道所言甚是,然督宪严加责令地方官,万不致此。"

钧曰："民心不洽，无论是我中国之事，不能以霸道折服民心。即本道亲历十余国，闻各国亦以固结民心为本，向未闻以霸道治民也。"

胡曰："可否请贵道将我所言，转禀督宪乎？"

钧曰："未便转禀。"

胡曰："何以不能转禀？"

钧曰："即如贵领事所言，拿朱绅及传马大令来省对质之说，果使督宪知之，恐不免笑贵领事不懂公事。"

胡曰："既不便转禀督宪，将一切转商陈道台，可乎？"

钧曰："有不便说者，即陈道台亦未便相告。总之，此案必得委员澈底查明实在情形，始能定议。贵领事不可不深思，即十九日到局，亦宜斟酌言之。贵领事初到此间，始遇此案，不可令人轻视。我性情最直，费领事深知，故遇事无不以我言为是。"

胡曰："费领事与我屡言贵道为人，本领事亦所深信。"

钧曰："但愿贵领事如费领事能信我言，则无事不易于议结矣。天时不早，容日再谈。"握手遂辞回局。

念日，未正，梁翻译随同拜会胡领事。寒暄毕，胡曰："前贵道所言不能拿朱绅一节，本领事详思至再，亦系实情，故昨到贵局，未便道及。"

钧曰："贵领事能事事详思，听我之言，自后遇事易为，地方官无不敬服矣。"

胡曰："本领事深信不疑。"

钧曰："贵领事既不见疑，感佩感佩。但我常言无论天主、耶稣两教，在我国只能使愚民入教，而不能使文人雅士信教者，是不得其法,故不能行耳。若依我之法,无论文人、官绅,自然信教。"

胡曰:"何以传教不能行诸文人雅士?照贵道之法,何以又能使文人官绅信教?请详以告我。且闻学校中人之进教者亦有之。"

钧曰:"虽有,亦不多。我每见他们传教,其不能服人者有五端:教士常以霸道横行,不能服人者一也;教民中倚势凶横,教主、教士向不善为劝导,不能服人者二也;有明知教民刁顽,故意袒护,不能服人者三也;更有教民已犯王法,教主向地方官竭力取保,不能服人者四也;每遇教堂拆毁,借此浮开索赔,竟背天主耶稣训条,不能服人者五也。既如此,又何能使文人雅士服教乎?若照我之法,凡有教民,宜善为劝导;有倚势横行者,驱逐出教;有犯法者,听地方官严办;有拆毁教堂情事,据实开报,赔补必得遵上帝之谕,有一钱肥己,即系教中罪人。即如大洲一事,纵使地方官及委员查实,确是朱紫佩倡首,有应得之咎,督宪照例奏请参办。你们教士似宜与朱紫佩求情邀免,自后即文人绅士等,亦将佩服教士尚知礼义,渐渐即可行于文人绅士中矣。"

胡曰:"贵道所论虽然不错,总之此事欲将朱紫佩置身事外,万不能行。因此案凌辱情节甚重,西报相传实骇人听,故驻京公使屡次电询,急欲认真办理此案也。"

钧曰:"照贵公使、贵领事意,必得办朱紫佩。试问按此情节,即使委员查实不错,亦不过将朱紫佩革职,至矣尽矣,万不能办格外罪名。"

胡曰:"即使不能治罪,将朱紫佩革职,亦可以儆戒将来。"

钧曰:"不然,朱紫佩若果因此案革职,从此建宁一府文人将加恨于尔教中人矣。文人既恨,则乡民既无文人时相开导,恐时与传教中人为难,则将来彼处传教,岂能久远相安乎?故据本道之意,现有两全办法。"

胡曰:"明以教我。"

钧曰:"按西律有罚之一例。"

胡曰:"然。"

钧曰:"或者将来赔补修费,酌量罚朱紫佩,亦似可以儆戒。"

胡良久答曰:"似亦可行,但不知拟罚若干?"

钧曰:"仍需听委员查实事之轻重,始能定罚之多寡。"

胡曰:"亦可,但在原地建造必得准行。"

钧曰:"不能。"

胡曰:"既不能,此案仍是空说,万难从命。"

钧曰:"易地或者可行,但必须与田园、庐墓无碍。民心协服,地方官必竭力相助。"

胡曰:"易地亦可,恐乡人借口与田园、庐墓有碍,岂不又难径行?"

钧曰:"总之,地方官竭力开导相助,不致无地可易。"

胡曰:"亦要与教士、医士相宜。"

钧曰:"自然。"

胡曰:"赔补各款数目如何?"

钧曰:"按今医士所开之数,似多浮冒,可驳者甚多。必得医士详细开明实数,能对上帝启誓,如数照赔,断不核减。"

胡曰:"闻初时医士欲借此开报数千金,费领事不肯,并以此案必归贵道办理。向来贵道办此等赔补事,必得开列细帐,能对上帝启誓,方肯照赔,故费领事再三核实。况照此重案,费领事所定五款甚轻,毫无要求。若是法国天主教,断不止此。"

钧笑曰:"然则传教人均欲浮开索赔,不但不能仰体上帝劝善行道之心,且甘作教中罪人矣。"

胡曰:"我再令叶医士核实开报便是。至于请督宪出示及准教士督同修理,何如?"

钧曰:"此两款不难,俟定议时斟酌照行可也。"

胡曰:"既如此,此案不难办理矣,何日定议?"

钧曰:"今日所论,不过系我之意见,不知督宪以为然否。仍须俟委员查覆,请示督宪始可定议。"

胡曰:"本领事亦须将贵道之办法,商之胡教士及叶医士可否,请贵道将所议办法录出。"

钧曰:"不能。今日不过大略言谈,不能定议。"

胡曰:"我恐忘记。"

钧曰:"贵领事恐忘,自记可也。"时已酉初,握手告辞回局。

念四日,申刻,拜会胡领事。寒暄毕,胡曰:"本领事已将贵道台所议各款转告胡教士。初意仍甚执拗,经本领事再四开导,胡教士已经允从。今早亦将此议办情形,详呈驻京公使矣。"

钧曰:"贵领事详禀贵公使,何急急也!况日前所议不过略定大概,尚不知委员查覆如何。果委员查复实有虚诬情事,督宪断断不允所议。"

胡曰:"照费领事所定五款,无论事之虚实,亦应照行。况确有凌辱拆毁医馆,重情如此,轻轻定议五款,似大有情面于其间,贵道不可忽略之。"

钧曰:"费领事向来办理交涉各事,秉公持平,亦不全重情面。我想公事公办,交情归交情为是。"

胡曰:"不然。究属平日有交情者,遇事彼此易于商议。即如免严办朱紫佩一节,本领事因费领事先言贵道之为人,然后彼此一见如故,不能不听贵道之言。若系平素不知识之官员,断不答应。"

钧曰:"然则朱紫佩更要感贵领事情乎?"

胡曰:"自然。"

钧曰:"果如此论,我想所有建宁府各处教士,更要深感我之情矣。"

胡曰:"何以更要感贵道盛情?"

钧曰:"若照叶医士、教士所议,是使其不能永久传教、施医于建宁府属,并欲自取祸乱也。若非本道调处其间,日久恐激成众怒,岂能免不再生事耶?今本道想此善法,持平办理,日后自然相安无事。胡、叶诸教士在建宁传教即可相安,岂不亦应感我情乎?总之,办事首贵持平公正,毫无偏倚,无论教士、华民,自然感恩戴德也。"

胡曰:"所论诚然。但闻贵道上海、江南公事甚繁,不能久驻此间,务望贵道必得办结此案,然后回江南为要。"

钧曰:"本道本应办结此案始去,无如昨接沪电,有要事回沪一行,拟今日附海琛遄返。"

胡曰:"贵道若去,又恐事必变迁,无论如何,务望贵道多驻旬日。"

钧曰:"沪电急催,必有要务,万不能不速回。况委员查办情形,尚须两礼拜始能禀复。若委员查复确实,即照本道所议办法,即无本道在此,亦易结案。本道所虑者,倘委员查复情形不符,本道必得赶回与贵领事更议。"

胡曰:"但要委员不受贿赂,秉公密查,无有不符。然贵道既有要事,本领事亦不便坚留,惟望贵道早日回闽办理此案,实本领事所深愿也。"

钧曰:"只要宁、沪无甚要务,即无此案,亦愿来闽与贵领事时相晤谈为快。"

胡曰:"贵道到沪,仍可晤费领事,亦系一畅快事。"

钧曰:"自然。费领事与本道多年老友,不过遽然相别,实不相舍。"

胡曰:"费领事与贵道交厚,即以此案论,已可知矣。如晤费领事,务转达问好,并说我深信贵道之言。"

钧曰:"本道自当代达,然承贵领事自后始终信本道言,实中外商民之幸,容下次回闽再见。"

胡曰:"务望早回。"握手而别。

奉委赴镇江会同黄道商办黄如雨一案

光绪壬辰十一月朔日晚,子正,抵镇江。英领事饬听差伺接,柬邀初二午餐,美领事亦令温翻译官在趸船候接。随即入城,晤黄道,略商办理情形,寅初就寝。

初二日,辰刻,贾领事又差人订于是日未初入席。如期前往,晤贾领事及其眷属。寒暄毕,入座,其陪客即美国郑领事夫妇耳,席上均谈中外风俗情形。申初席散,贾领事约至公事房,问及日前在宁所恳一切曾代达宪听否。

钧曰:"已详禀矣。"

贾曰:"宪意如何?"

钧曰:"今日承贵领事招饮,只可谈论朋友之道,公事似宜改日再议。"

贾曰:"本不应谈及公事,无如此事公使万分急切,立候回音,故以从速定议为妙耳。"

钧曰:"此案贵领事与黄道台已辩论七阅月,岂本道来此能立刻定议乎?本道尚须将全案卷宗详阅,始能商办,不然贵领事谈论,亦不过空谈耳。"

贾曰:"我并非立刻要贵道定议,不过请贵道将昨面恳一切代禀,宪意如何先行见示,容日再行商办。"

钧曰:"贵领事之言已代陈帅座,宪意无他,有入籍照便是英人,无照便是冒充。既是华人应归华官办理,实名正言顺耳。其余督宪之意,前日贵领事到宁,曾将督宪所谕各节,为贵领事言之甚详,似毋庸赘述也。"

贾曰:"果督宪定要此入籍照,始作为凭据,此案万难完结。恐小事变成大事,将来彼此不得转圜,不可不深思也。"

钧笑曰:"我与贵领事相交一年,贵领事应知本道非门外汉,何竟亦以此大言相欺乎?我想黄如雨不但系一无赖华人,冒充英人,即使是真正英人,既经犯事,地方官监禁,照公例亦可行,不过不能凌辱而已。果因此等细微之事,亦要变成大事,恐贵国政府终日调兵筹饷,刻无宁晷,即自己国家政务不暇计及矣。贵国虽然富强甲于欧洲各国,动辄用兵,恐不久亦将计穷力尽。我想如此举动,至愚之国亦不肯妄行。况本道前在贵国,到议院听议事数次,闻所议各事皆系准情度理,至公且当,绝不闻妄议妄行。往往贵国官商,一经在我国年久,动辄轻举妄动,不值识者一噱。其实相隔数万里,政府无从查察。果来华之外国官商,似此举动在欧美各国能之乎?恐将援照万国公例三十六条,以领事不守规约,地方官有不接待之权矣。"

贾曰:"贵道深悉西例,久仰大名,故去冬到宁一见如故。自后彼此往来通信商办各事,无不格外通融,和衷商办,岂有因此事敢以大言相欺乎?缘此案实逼处此,我亦有骑虎之势,贵道亦当见谅耳。至于贵道言西国官商来华年久,轻举妄动,似言之太重。西人中性情乖僻,不能与地方官和衷商办者,间或有之,未见皆如是耳。至于不按约章行事,我们断不肯为。"

钧曰:"不然。若彼此均能按照约章办事,则黄如雨不致纠缠七阅月矣。"

贾曰:"非也。贵道尚不知其中详细情形,此皆地方官之误会,不能推诚布公。果系贵道在此,决不致出此案,即出此案亦早了结矣。但望贵道从速定议,是所深愿。"

钧曰:"今日本道承招饮,本不应谈公事。不过贵领事急急相问,不能不略谈数语。如今日此等宴会,即议论公事,西国亦罕闻也。"

贾曰:"我实因公使催迫,急不可待,不得已耳。既如此,订期再议,我们仍到客厅闲谈,可乎?"

钧曰:"可随到客厅。"

闲谈一刻,钧曰:"时已酉初,美领事尚等候,还须往拜。"

贾曰:"我拟明午回拜,可乎?"

钧曰:"明日在道署阅案卷,请订初四午初,当在行寓恭候。我已迁寓广东会馆矣。"

贾曰:"当遵示。"遂握辞。

初四日,巳正一刻,贾领事来拜。寒暄毕,贾曰:"前日十分简亵,且席后谈论公事,尤觉不恭,想贵道必可见谅于格外也。"

钧曰:"盛扰感谢之至。席散谈论公事,我亦毫不介意。"

贾曰:"足见贵道宽和,令人钦佩。贵道昨曾看过全案文件否?"

钧曰:"昨从未正阅至晚间寅正,全案文卷始行看毕。详阅贵领事前后所来信件,自相矛盾之语甚多,无怪黄道台与贵领事纠缠数月耳。"

贾曰:"万不致有此。"

钧曰:"即如贵领事初言,黄如雨前在芜湖领事所领例照,不足为凭,必得入籍凭照。嗣又言毋庸入籍凭照,即以按年所领之照亦可做据。又如屡函限期交照,数月之久未能缴出。且黄如雨素不安分,人所共知。不但黄如雨冒充英籍,即使是真正英人,实大损贵国之体面,似不可如此袒护。"

贾曰:"不然。从前之话由曹委员误会,黄道台误听,则有之。但无论如何黄道台总不应骗我,失信爽约之过,究不能辞。"

钧曰:"至于黄道台将黄如雨立即解往清江,失信于贵领事,咎属难辞。前在宁,我亦曾言之矣。此举不但贵领事生忿,使我处此,心亦难平。然以我之公论论之,彼此皆有误会,何则?黄道台既拿获黄如雨,即应直解道署,问明黄如雨既无凭照,且已认系同安人,似毋庸送交贵领事审问矣。然黄道台之送贵领事审问,亦因黄如雨口称曾入英籍。故黄道台送交贵领事,亦系请贵领事查明,果有实在入籍凭照否,此亦黄道台推诚之意。讵贵领事竟凭黄如雨一面之词,并不要呈验凭照,即硬作为英人将黄如雨留下,饬差回复黄道台,故黄道台不能不与贵领事要回也。"

贾曰:"黄如雨并未拿获到道署,亦未经官问供。黄如雨来署,口称:'我系英籍之人,现在地方官要拿我,求领事保护。'我因吩咐差人,万万不能拿他。次日黄道台即差官来言,不过要黄如雨到道署问几句话,即行送回。且黄如雨再四恳求,我尚申饬令其尽管前去：'不致为难，不过道台要你问几句话，立即送回，万不致于羁留，你可放心。'于是黄如雨始去，讵料黄道台竟如此失信，实出情理之外。"

钧曰："贵领事怪黄道台失信，实在不错，但尚有可以原情之处。因黄道台人太诚实，既提黄如雨到署，问明系福建同安人。黄道台以黄如雨既系华人，则领事官可无庸过问。又因漕台来文严拿甚急，黄道台仰承宪意，不能不立即解去。然此案若使我办，固不至于失信，而贵领事必允许将黄如雨仍归我办，何则？若黄如雨解到道署，问明系同安人，又并无入英籍凭照，应将其前犯各事，详细叙明，照会贵领事。将黄如雨仍送还贵领事之后，候黄如雨由贵领事署回去，再行拿解清江。若先将各情明白相告，贵领事无不乐从。况贵领事在华年久，万不肯袒护此等歹人，必许归中国官办，何至闹至数月乎？"

贾曰："贵道所言不错，若果依贵道办法，即不至龃龉数月矣。最可恼者，由我送交黄如雨，不但不如约交还，竟行解去清江，令我实在难堪。洋商各人亦笑我无能，真觉令人忿极。"

钧曰："此节贵领事今可毋庸恼矣。我想以前之事，均可毋庸提及。现在我既来会商办理，自应商量新法，旧话不说。"

贾曰："总之，此时人不交还，万万不行。"

钧曰："贵领事为人极通情理，间或说话亦有不近人情之处。"

贾曰："何以？"

钧曰："此人若要交还贵领事，早已交矣，何必待至此时？然贵领事以黄如雨解往清江，致觉难堪，此语诚然。但此事既闹至数月，此时贵领事一定要人，地方官万不肯交。即使勉强顺贵领事之情交还，使百姓闻知，地方官岂不更难堪乎？况此事地方官理长。"

贾曰："何以见得理长？"

钧曰："黄如雨既无入籍凭照，便非英人，一错也；多年又不在领事处挂号，即使果系英人，已失领事官保护之权，二错也；即系英人，既入内地办货，领事官以前并未照会地方官，请领护照，三错也；至其既非传教之人，而华衣华冠深入内地，四错也；每遇闽省团拜，必出公分观剧，则系华人无疑，五错也。既有此五错，地方官焉能以彼作英人哉？"

贾曰："不然。按英例，两代生长英国属地，即为英人，不必定要入籍凭据。况今槟榔屿，皆有黄如雨姊妹及朋友誓言口供，黄如雨确系两代在槟榔屿生长，凡此即系凭据。"

钧笑曰："果以两代生长在此地者，即作为此地人，则南洋如贵国及荷兰、西班牙各国所属之地，若孟加拉、马勒甲、马粒拿各岛华人，久居四五代者，不下数百万人，何以仍常回华购置田园，起造祠堂、房舍？且每遇各省赈捐，报捐功名者甚多。果以在外洋两代生长即为外国人，若辈又何必要捐功名，回国置田产乎？至于两代在外洋生长即算外国人，此例我向未闻之，或系新例，想我国家亦不答应，我们未奉国家通行之例，不能作算也。而且黄如雨在中国并未呈报出籍，更不能作是英人。"

贾曰："他祖父即在外洋生他父亲，三代不在中国，如何呈报出籍？"

钧曰："即他祖父出洋，既要入英国籍，亦应在中国呈明，何以他祖父并未呈明？即黄如雨既回华约二十余年，亦应呈报，何以又不呈报？"

贾良久答曰："不管他呈报与否，但他有一千八百七十八年及九十一、二年芜湖、镇江、上海领事照据。"

钧曰:"此等照据,不但以前贵领事说过不算,即使贵领事以前言明算作凭据,我仍不能作为凭据。当年各领事官不要彼入籍凭照呈验,即行擅发凭照,殊属不解。若不用入籍照呈验,即可遽然发照,则中国之哥老会匪等类,将来亦可冒充英人,请领事亦应保护。领事之驻于中华,非为商务,竟为包庇匪类,岂不有失外国体统?"

贾曰:"不然。以前各领事发他之照,自有凭据,万不致有凭空妄发之理。闻黄如雨以前尚领有镇江领事之照,失落此间,自遭回禄公事,均已毁尽,所以无从查考。"

钧曰:"计遭回禄之后已多年矣,何以黄如雨总不领照?足见黄如雨心中并无英国。即照英例,一年不驻册领照,已失领事官保护之权,贵领事又何必定要保护此种人乎?"

贾曰:"无论如何说法,总之此人不立即交还,断断不能,请即明示。"

钧曰:"此人不但我不能作主允许,即黄道台亦不能许交。"

贾曰:"既如此,请以一言决之,得以电禀公使。"

钧曰:"立即交人万做不到,俟我与黄道台商量善法。"

贾曰:"今晚可回信否?"

钧曰:"不能。"

贾曰:"至迟明早可乎?"

钧曰:"亦不能。无论如何,必得两点半钟。"

贾曰:"能早更妙,实因公使电催问之至再也。"时已未初一刻,告辞。

贾曰:"明午后专候回音。然贵道人极豪爽慷慨,惟论及公事,丝毫不肯让人。"

钧曰:"我办理交涉二十余年,各领事平日无不见爱。每遇公事争论,有时如临大敌,辩论之后,谈笑如常,不足为怪也。"

贾曰:"明日再谈。"握手而散。

初五日,未正二刻,拜会贾领事。寒暄毕,贾曰:"贵道与黄道台曾商妥办法否?"

钧曰:"黄道台并无善法可以转圜,但云官做不做无甚紧要,若将黄如雨交回,万万不能听从,贵领事电达公使可耳。"

贾曰:"黄道台如此固执,殊属不解。我想他甚无谓,将来公使定要总署电达南洋大臣,必要释放黄如雨,恐此时黄道台面上更不好看。"

钧曰:"不然。凡外省之事,总署听凭外间定议。我中国督抚大宪办事之权,非西国可比,往往遇事稍有不合者,虽谕旨降下,尚可不遵,所谓将在外君命有所不受也。"

贾曰:"我并不愿令公使为难,实迫至此。黄如雨未收禁以前,我仍想通融善法。今黄如雨收禁之后,且受凌辱,更觉令我难堪,万难容隐。"

钧曰:"黄如雨之收禁,亦自取耳,若他不逃走一次,尚不致此。"

贾曰:"我并不知其何日逃走,如何回去。"

钧曰:"黄如雨于某日由捕厅逃出,已到县之头门照墙外,幸有捕厅人役遇见追回。黄道台恐其再逃,故不能不加收禁,然系收禁外监,仍是从宽。"

贾曰:"闻在监既上镣铐,又锁颈项,何得为宽?"

钧曰:"外监远胜内监,若收内监,坐卧不宁。况今黄如雨早已开去镣铐,并不受苦。"

贾曰:"闻已受苦十日矣。"

钧曰:"闻黄如雨十八收禁,念二因闻其稍有病,已开镣铐,实不过四天耳。"

贾曰:"何以黄道台不早相告。"

钧曰:"此等收禁刑法,地方官有自主之权,本来毋庸相告。"

贾曰:"此人已入英籍,照约不得凌辱。"

钧曰:"若黄如雨早将入籍凭据随带,则地方官早已送还贵领事,一定照约办理,断不纠缠至今。既系华人,应该如是耳。"

贾曰:"若要以黄如雨硬作华人,我断断不能答应。"

钧曰:"既无入籍凭照,贵领事强作英人,地方官亦断不首肯。"

贾曰:"既如此,彼此万难商办,只有电达公使,向总署理论。但黄如雨仍必须今日交还,以免后论。"

钧曰:"贵领事电达贵公使,只可听命,总之黄如雨不能交还。贵领事人极聪明,可为黄道台熟思审处,使贵领事反己以作黄道台,到此时候能将人交还贵领事否?黄道台断乎不肯曲从,擅开此端,为后人詈骂。"

贾曰:"如何后人能骂黄道台?"

钧曰:"以黄如雨并无入籍凭照,硬作英人。将来通商各口岸如黄如雨之人甚多,不闹事既系华人,一经闹事即可作已入英籍。若地方官问取入籍凭照,闹事之人便借口以黄如雨并无入籍凭照,亦可算作英人,何必定须入籍凭照?自此通商口岸必更多事,后人能免不骂黄道台办事糊涂乎?"

贾曰:"万不致此。以后遇此种事,本领事断不能以无真凭实据者,硬作英人,如此办法。"

钧曰:"黄如雨既可如此,以后何不可为?"

贾曰:"此则贵道太过虑矣。总之,此人不交,恐生枝节。"

钧曰:"毫无枝节。闹到极地,亦须行查槟榔屿,取入籍凭照为此案紧要关键。且黄如雨有五层错处,其为华人无疑,想贵公使及政府不能不按理行事。果使此等小事拗直为曲,将来重大之事更不用办矣。况贵领事四月念八日致黄道台信内云,果黄如雨实系英人,则不但应即解回,尚有他论。既有此等枝节之语,地方官更不能交回矣。且贵领事五月初七致黄道台函,有限一月余、两月,可交出入籍凭照。又二十日致黄道台信,又限四十日,如不能交出入籍凭照,或已奉公使以黄如雨已失领事保护之权,然后听凭中国官办理。以前各节督宪六月二十及七、八、九等月札行黄道台驳诘甚详,无庸本道再辩。总之,办事应照《公法》一百二十二条,凡通商于他国者,不夺地方官自有之权利。乃往往各领事办事,均不能照公法而行,良可叹也。"

贾曰:"四月二十八信尚有他论一语,是我之错写,不必介意。至于前云一两月及四十日交照,乃是言明将黄如雨交回本领事以后之限期。现人已被押,并未交还,何能责我? 至地方官权利,我们向不相夺。"

钧曰:"黄如雨一事已背公法公例矣。总之,此案贵领事定要将黄如雨立即交还,黄道台万万不肯交。我初来之意,甚欲持平办理,既两边竟不能通融,我只好今晚回宁禀陈督宪可耳。"

贾曰:"我与贵道同返江宁,见督宪面议,何如?"

钧曰:"日前贵领事到宁,督宪未接见贵领事,抱歉良深,曾问本道何以贾领事定要来见。本道将贵领事知督宪慈体欠安,未便惊动而去禀陈,督宪甚感贵领事体谅人情,令人感佩。今贵领事又要同去，若督宪仍不能接见，岂不更无以对贵领事？况此等事无论如何，仍须在镇议妥，万无贵领事与督宪面议之理，向来无此办法。"

贾曰："我有深意存焉。"

钧曰："请明以示我。"

贾曰："前闻督宪委贵道来商办此案，我心本异常喜欢。我想此案情节与以前不同，即贵道来，亦恐碍难曲为将就。况贵道与我相交一年，每遇公事无不通融，岂有亲自来此不能商妥？本领事无以对贵道交情。且贵道果不能妥善议结此案，回宁销差亦无光彩。本领事承贵道见爱，相待不啻如手足。若不能勉强报命，曲为周旋，岂系朋友之道？所以本领事筹思至再，只有赶到江宁，面与督宪定议，即免贵道空劳往返。即此案办理曲直，均与贵道无干，岂不甚妙？讵料到宁如此凑巧，未能谒见督宪，仍要劳贵道来此。本领事连日急欲想一善法，奈竟无法可施。今若我同贵道回宁，谒见督宪，即督宪亦知此事办理之难，断不怪贵道办理不善也。"

钧曰："即本道回宁销差，督宪亦无怪我之理。不过此事将来拖延下去，彼此均有不便。贵领事之保护黄如雨，反累黄如雨多羁时日耳。"

贾曰："黄如雨我断不能再听地方官羁押，即贵道去后，日内亦必向之索还。"

钧曰："地方官一定不交，从何索起？"

贾曰："我自有法，不惧黄道台不交。"

钧笑曰："贵领事又说硬话，我未便再谈矣。"

贾曰："贵道既今晚准要回去，有数事请转达督宪。请督宪自后或有本领事照会，应由督宪直照复本领事，切不可行道台照复。"

钧曰："按前定章,平常事应由领事照会地方官。倘地方官日久不能定议,领事官可照会督宪,寻常之事领事官似不能随意照会。若寻常事亦照会督宪,只有行道台照复。自后贵领事非十分紧要公事,似不宜照会督宪为是。"

贾曰："我非要事亦甚少照会督宪。尚有一事,太古行托代呈督宪一禀,因江南设趸船事。此事前经托过贵道,复信言之甚详,亦已转交该行,无如再四相恳不能不奉托耳。"

钧曰："此事万万不行,既非通商口岸,断不能开此端。今夏有巨绅欲设趸船以渡士子,督宪已批驳之。"

贾曰："我亦知其不行,不过托代呈督宪批明,以绝其念可耳。"

钧曰："如此当为代呈,并将贵领事所嘱之言,代为禀陈督宪便是。但贵领事与我如此交情,万不想黄如雨事竟办不妥,当实出意料之外。"

贾曰："我因此事贵道来此,何常不想善法完结,以全彼此交情。即如昨晚我想到四点钟,目不交睫,亦欲得一善法,以了此事,奈何竟无善策。贵道何不再加思维,有何善法处之?"

钧曰："我谓照前黄道台所议,驱逐出口之法亦属甚善。"

贾曰："此人已受苦七阅月,今非昔比,未便遵行。"

钧曰："或不管黄如雨系华、系英,令其在地方官具结,限数日出境,永远不准来镇。即在贵领事处亦具结照行,如此最为公允。"

贾曰："既具华结,岂不系作华人乎?"

钧曰："若专具洋结,地方官断断不肯答应。本道或改明晚回宁,拟邀贵领事明日入道署,会黄道台面商,何如?"

贾曰："可。"

钧曰:"即以明日三点钟入城。"

贾曰:"当如命。"时已酉正二刻,握手而散。

初六日,申初,贾领事来道署。寒暄毕,贾曰:"黄道台尊恙似尚未全好。"

黄曰:"然。"

贾曰:"黄如雨一案,与蔡道台商办数天,竟无善法。总之,此人非交回与我不行。"

黄曰:"贵领事所言,彼此又要动气矣。此人既系华人,如何能交与贵领事?"

贾曰:"由我处送与贵道,贵道失信解往清江,已出情理之外。"

钧曰:"以前旧事不可再谈,谈及旧事彼此又不免伤和气。"

黄曰:"若谈前事,非争抗不可。总之,此事我们想一善法,使两边皆得其所。"

钧曰:"只有仍以黄如雨在华、英两处官员,均应具结驱逐出境,不准再到镇江,最为公允。"

贾曰:"如此办法好过你们华官递解,徒有虚名耳。但要黄如雨具华结,亦无不可,必得提黄如雨来问明,愿意方属可行。"

黄曰:"无此办法。"

贾曰:"定要提来问明方可。"

钧曰:"或贵领事令一听差,同我们之家人往问,何如?"

贾曰:"不能,必由我当面问,或者我自己到监去问亦可。"

黄曰:"更属无此办法。"

贾曰:"我定要去。"

钧曰:"贵领事若去,并无地方官知照司狱,监门不敢擅开。即如我们到贵国游览衙门、监狱,亦须先行知照有司,始能游览,亦不能任从我们随意往游也。"

黄曰:"所以我昨天与蔡道台两人谈论此事,大为争抗,亦知此案万难转圜。彼此会商,盖徒费唇舌耳。"

贾曰:"不然,只要从容商榷,无不可了之事。不过贵道台事前失信爽约,致生鏖龉。"

钧曰:"我曾说明今日彼此万不可谈旧话,何以又谈?我想说来说去均系无益之言,仍要彼此想一善法,了结此案方妙。"

贾曰:"令黄如雨两处具结,亦似公允。不过必由我面见黄如雨一问,你们又不愿我见他之面。"

钧曰:"并非不愿贵领事见面,实有诸多不便之处。今日天色已晚,本道欲与贵领事订期,明日三点钟提黄如雨到我所寓之广东会馆,请贵领事来会同问明如何?"

贾曰:"甚好。惟驱逐黄如雨一层,宜宽以五天期限方可。"

钧曰:"不但五天,即一礼拜亦属无碍。"

贾曰:"如此更好。时已酉初三刻,明日再谈。"握手遂散。

初七早,巳初二刻,拜会贾领事。寒暄毕,贾曰:"昨所议,今日准可照行?"

钧曰:"岂又有爽约于贵领事之理乎?但昨贵领事去后,本道与黄道台言谈许久,几乎又经动气。黄道台云,今日下午三点钟,将黄如雨解到广东会馆。请我邀贵领事到会馆,提黄如雨问明。如愿具结,即照贵领事昨在道署彼此商定之法办结。倘黄如雨不愿具结,必得将该犯交回管押云云。"兹将结稿送阅。

贾曰:"结稿虽妥,但'回籍'二字欠妥,宜改'出口',可乎?"

钧曰:"可。"

贾曰:"'永不准再到镇江及各通商口岸'似乎太重,请将'各通商口岸'数字去之,永远不准再到镇江,黄如雨亦够受此辛苦矣。"

钧曰:"贵领事既定要成全他,此数字似亦可去。其实此等素不安分之人,能永不准到各通商口岸,可为各口领事省去多少公事。不然有他在,通商口岸万无安分之理,岂不为领事与地方官滋生口舌乎?查黄如雨前在芜湖,韩领事曾驱逐出口一次,不料今他竟敢又在镇江冒充英商。此间虽又驱逐,度上海冒充洋商人多,他不能久立,至于厦门等口,亦可行其骗术。"

贾曰:"只可就眼前论事,不必管他后来如何。"

钧曰:"今日贵领事到会馆,会同提黄如雨审问,务请贵领事宜加申饬黄如雨为是,切不宜稍假颜色。此种不安分之人,万不能宽和相待,并请贵领事勿再问其前事,只要具结就是。若贵领事稍与彼和颜悦色,则黄如雨必不肯具结,是以黄如雨之具结与否,在贵领事一言以定。本道与贵领事相交一载,可谓情投意洽,遇事彼此和衷,毫无成见,故本道亦知无不言,言无不尽。如贵领事真与本道是至好朋友,今下午提黄如雨问时,即照本道前言申饬黄如雨,令其具结,借此完案,并订明黄如雨必得如限出境,不准稍有逗遛为要。"

贾曰:"贵道尽可放心,彼此交非泛常,岂可相欺?总之贵道之言,惟命是听。"

钧曰:"承贵领事见爱,感佩难忘。我办理通商交涉事已二十年,凡与钦差、领事相处,彼此无不推诚。"

贾曰:"贵道慷慨豪爽,中外咸钦,无论何处朋友,均甚得宜,故人皆乐与贵道相交为幸也。"

钧曰："我无论公私,接待亲友,可者许之,不可者立拒之。犹豫因循,素性所恶,故中外友朋均叨见信。时已午正二刻,本道告辞,三点钟在会馆恭候。"

贾曰:"遵命。"握辞回寓。

申初二刻,贾领事来拜。寒暄毕,贾曰:"黄如雨曾来否?"

钧曰:"两点钟已来,但此人本道看他实非良善。我令差人唤他好好具结,从宽办理。讵黄如雨竟云是英人,不识华字,不知如何具结,只能听领事示下,你们说亦是空说云云。看黄如雨之刁顽,可谓极矣。本道早曾言及,黄如雨之肯具结与否,凭贵领事一言而已,今果不错。既如此,非仰仗贵领事严加申饬一番不可。"

贾曰:"自然,现在可以传令上堂否?"

钧曰:"可。"

即传谕将黄如雨带上。贾曰:"尔黄如雨实在不安本分,无论是华是英,均有应得之罪。今本领事与蔡道台至好,调处格外从宽。要你立即具结,限你七天离开镇江,永远不准再来,如再来,听华官严办。"

黄如雨供称:"身并未犯法,枉受羁押六七个月,还要具结出口,实在冤极。"

贾曰:"你尚多辩。本领事因你之事,往来电报钦差两次,到宁浩费不下千元。今与蔡道台从宽办理,已十分公允,今你若不具结,我亦不能再为保护。"

黄如雨见贾领事声色俱厉,口称情愿具结,但求宽限,因此间有房子及清江行口尚有物件,一时变卖不及。

贾曰:"我未便宽限。"

钧曰:"照领事昨日所定之限,只有五天。现限七天已多两天,今姑加恩再宽三天,以十天出境。"

黄如雨再四乞求展限两月。钧曰:"至多限两礼拜。"

贾曰:"已宽之至矣。"

黄如雨又再苦求,钧见情有可原,再宽限六天共二十天,过此万万不能再宽。贾曰:"他如再求宽限,我亦不能答应。"

于是黄如雨始签押带下。贾曰:"明日将其送交我处讯问,可乎?"

钧曰:"可。事既完结,我们可畅饮几杯。"

贾曰:"又承厚扰。"

钧曰:"酒逢知己,诚当痛饮。惟黄如雨我看明日送到贵领事处讯问,必要具结,但要比我们之结上加严切些。我们结底太简,只因贵领事再三核减字样,似未便拂意之故。"

贾曰:"自当严令,再具切实甘结便是。会馆地方甚好,可能至各处游玩乎?"

钧曰:"可。"

贾曰:"时候已晚,略观各处,当即回去。"

钧曰:"奉陪。"

游至会馆后厅,黄如雨以病甚,又苦求今晚先回。贾曰:"看黄如雨是真有病,贵道能恩准他今日回去否?"

钧曰:"贵领事既体恤黄如雨病,岂本道不能施恩乎? 不过此人刁猾,即使今晚推情恩施,释放必得俟贵领事去后。本道尚要申斥彼一番,然后差人送到贵领事署发落,何如?"

贾曰:"甚善。"于是握手遂去。

随传黄如雨上堂,大加申斥。时已酉正,饬差弁解往贾领事署。

初八日,申初,拜会贾领事。寒暄毕,贾曰:"昨承贵道派差弁将黄如雨送来,今早已提讯,传其四点钟具结。"

钧曰:"请将结稿出示可乎?"

贾曰:"可。洋文结更为切实耳。"

钧曰:"结甚切实,但黄如雨不能将入籍凭照呈验,究有违贵国之例。结内似应批明白告他,倘敢再至镇江,即系再犯,应归中国官严办方妙。"

贾曰:"均可照此意添上,以副尊意,请贵道稍待片刻。"旋曰:"结已照办,系黄如雨亲笔,此结由贵道带回呈督宪好否?"

钧曰:"不可。黄如雨亲笔结,请送道台存案。另请贵领事抄出一张给我带回,似乎两得其全。"

贾曰:"足见贵道凡事无不周到。既如此,我抄出一分送呈贵道便是。今晚美领事请餐,陪客只我夫妇两人,又可借此畅谈。"

钧曰:"不知今日上水船何时可到?"

贾曰:"贵道今日真要去乎?"

钧曰:"然。"

贾曰:"船在十点钟到镇,尽可放心畅饮。然贵道何必如此急急?"

钧曰:"贵领事看我咳嗽如此之甚,所受风寒甚深,急欲回宁调治耳。"

贾曰:"此间有西医,可请来一看。"

钧曰:"向少服西药,南京有常诊视之华医甚好,俟回宁服药不迟。"

贾曰:"宜早日调治,免咳久伤肺。"

钧曰:"诚然。"

贾曰："此案如此办理,可谓公正持平。"

钧曰："似此办法,贵领事与黄道台本早有此议,不过略有参差,未能定议耳。"

贾曰："今非昔比,以前我真想通融,嗣后有不能通融之苦。日前已约略言之,本领事因此案亦成骑虎难下之势,想贵道亦知我之苦衷。今案已完结,不必谈论,我们谈外国风景,心觉畅快。"

钧曰："连日将此事辩论,可谓舌敝唇焦矣,应谈别事聊散心闷最好。"

于是谈中外人情、风景,至戌初握辞,赴美领事约。贾曰："何不稍待一刻同去。"钧曰："郑领事约早到一刻,有话叙谈,恕我先去。"于是告辞。

致驻镇美领事函录存

启者:查各国教士来华游历、传教,相沿已久,地方官无不按照约章随处保护。盖我国以德化民,虽生齿日繁,人皆有勇知方。无论愚夫、顽民,颇知大义。现在我国与各国谊属友邦,且屡承圣训谆谆,凡有各国官商人等来华,自应优加保护。间有无知小民扰害教士者,多半衅起于华民入教之人。虽华民从教,能守教中礼义规矩者固不乏人。其中间有素不安分者,一经从教,倚教士为护符,动辄欺压平民,肆无忌惮。教士气焰日甚,平民结怨日深,一旦龃龉,唆耸教士。间或教士不察,曲直不分,一味袒护,卒至激成变端,亦所不免。但地方官每遇顽民与教中人生事,无不从严究治。因此则官遵圣训,民遵法度,故教士所以久安,教道所以流传者,恃此而已。

现金陵一隅，教士不过数十人，同居省会，声气互通，向来民教相安，甚少龃龉之事，盖亦地方官周于保护使然。当本道上年接办洋务局以来，尤为加意保护。盖思教士等来华，相涉数万里不以为劳，动费千百金不以为惜，推原其心，无非为劝人为善起见。所以本道间或接见教士，则待以优礼；办理交涉，则秉公持平。务使伊等所至如归，毫无遗憾。如此则中国之待西人，可谓至优极渥，絜之外国之待华民似有间矣。

奈教士中良莠不齐，有守法安分者，有刁顽无礼者，未可一概而论。近日观上海《字林西报》载有接金陵教士来函云："我等旅居中国，只有赖地方官随时保护，彼此相安。今南京地方官与我等不和，恐难保护周密，且有漠视之意，不知将来我等能保无事否。"观此报所载，骇人听闻，但不知该教士何所见而云然，故持是论。如此好事生端，徒惑众听，本道当时即拟照会贵领事，务恳责成该教士，以杜浮言。适贵温翻译因事来宁，已将各情嘱为转达，想贵领事早有所闻，函谕该教士矣。然此犹谓信口胡言，不妨置之不论。

乃昨阅西报登及金陵教士来函所言一事，尤觉诧异。据云，日前有歹人之怀恨于督宪者，贴匿名揭帖于督辕门口云云。惟此事本道并无所闻，问诸督署之人亦无此说。设使即有揭帖，原属匪人毁谤之词。该教士现住中国，应为华官隐讳，方符道理，何竟罔知忌避，直书登报，使传之众听，扬之外邦乎？本道详细思维，难保非该教士捏作谣言，以泄私愤。盖该教士前因借居栖霞、紫金等山避暑一事，土人啧有烦言，地方官恐酿祸端，屡经饬令迁回。该教士始尚执拗，嗣经贵领事宛转其间，伊等始迁回城中。然该教士实迫于大体，不得不从，因此遂含忿于心，致有此造谣生事。盖西报载及该教士来信,有到金陵二十年之说,即此可证造谣者必属此人。想金陵教士中到此多年者寥寥,务请贵领事查究彼到宁二十年者是谁。如有其人,则是彼造谣无疑。但照西例而论,毁谤平人尚科重罚,而况施之中国堂堂大宪乎?况督宪亮节清风,公忠体国,中外官商素仰之如泰山北斗,岂彼悠悠之言或能污蔑万一?捏作谣词登诸报纸,徒为识者所笑耳。

又可异者,适本道因公赴苏,曾嘱龙翻译遇有交涉细微之事,随时会商教士办理。讵该教士诸多阻难,且执龙翻译致伊之函,妄加讥议,并登报章,其存意以为足以贻羞我们。然揆之传教隐恶扬善之心,何啻自相矛盾?惟思我国家通商以来,既准西人远来传教,实原其居心劝善,志向堪嘉。故当时申之以条例,重之以约章,优待西人,亘古无匹。稍知大义者,方且感激不遑,何敢更生妄议乎?本道自办理闽、广、江、皖各省洋务,将及念年,且游历地球一周。如该教士妄为无理者,实所罕觏。若其再居宁日久,不特于大局有碍,且与历来各教劝善之心,大相违悖也。然则欲地方无事,必得民教相安;欲民教相安,必得赏善罚恶。至赏罚之权,则惟操之有管理之职者。想贵领事公正精明,洞达事体,必有以筹善后之方,展调停之策,使良莠不宜并存,而中外可长享太平之福也。如何之处,尚希查照施行,不胜翘企之至。

办理栖霞紫金两山教士避暑节略

光绪癸巳五月,钧赴苏谒见抚宪。六月初七由苏回沪,忽奉督宪电谕,命即日回宁。遂于初十到宁,始知因栖霞山、紫金山寓宁教士李满、美在中等,搭盖木房,挈眷于此两山避暑。地方官因碍难保护，再四劝令该教士搬回城内。讵该教士逞刁不从，屡出无理之言，并以虽督宪与领事谕下，亦不搬回城内云云，与地方官纠缠不已。因此督宪电命回宁办理。钧旋宁，即饬龙翻译传谕教士，并面授机宜，倘教士有以地方官恐难保护，若有意外，与地方官无涉之语，即令教士取一凭据，并邀其教总苏体芳签字，则听其久住山中，否则必得即日搬回。龙翻译遂前往传谕一切，该教士均遵谕，于次日搬回。

讵甲午春间，寓宁教士数十人公禀驻京公使，以地方官阻挠不准避暑照会总署。嗣总署咨行督宪，谓查外洋歇夏避暑，各国佥同。即如驻京各使臣并传教人等，每届炎夏无不前往西山一带居住，秋令始行移回，习俗相尚，竟视此为养生之要务。若非租赁官禁、庙宇，本署无从拦阻，只可转饬营汛，随时弹压保护而已。去岁金陵居住之美国人上山避暑，经台端传谕阻止，镇江领事文牍亦未见复，谅系防患起见，毋俾借起衅端，或另有窒碍情形，本署未能深悉。现在美公使来函，情词迫切，如系租赁庙宇避暑，与居民无甚关系，似尚无碍云云。于五月十八日，奉督宪札行到镇，饬向领事照案商阻，勿任执意冒险从事，致负地方官保护之意。倘能照办最妙，万一执意坚求，不允不止，应请先与议一限制章程，并声明以后在山上遇有意外之事，地方官不能任咎等语，庶可望其稍萌退志，易于结束。至限制章程，似以不准在山起造洋房为第一要着，应如何核议为妥，均请酌定等因。奉此，当即禀复督宪，仍宜拒其所请。

于二十日即礼拜六，申初，拜会驻镇郑领事。寒暄毕，钧曰："我前日接督宪来函，因有一事，实代贵领事为之忿极。然而贵国教士之轻视贵领事，亦可谓极矣。若照此等教士行为，贵国驻华领事不几竟同虚设哉。"

郑领事闻钧所言,急问曰:"究因何事?"

钧曰:"督宪来函,以接总署来文,因接贵钦差田大臣照会,以美国住金陵教士数十人联名公禀。据称地方官阻挠不准在栖霞、紫金两山避暑云云,着本道向贵领事商办。计此事上年经本道函复贵领事,务谕令该教士等不可前往避暑,免生意外。且此两山为金陵名胜之地,风水尤关,绅民断不愿意。嗣蒙贵领事函复以已谕教士人等,毋得任意。本道甚钦佩贵领事能顾大体,当即函谢贵领事。讵料该教士竟不遵贵领事之谕,适本道赴苏,仍然赴山避暑。地方官再三劝谕,不遵。督宪电召回宁,当命龙翻译往晤教士,晓以利害,开导再三,该教士遵即搬回。乃今并不先禀明贵领事,竟敢越禀钦差,然则贵国教士视领事竟同赘疣。教士此等行为,实各国所无。且贵钦差接教士公禀,亦应先究教士越禀之非,当函告贵领事,查明究竟如何情形,接领事禀复之后,始能照会总署,何得迳行照会? 如此看来,则贵钦差视教士较领事尤重矣。"

郑曰:"南京教士因避暑一事,上年该教士等叠次禀陈。本领事曾经照会洋务局,经贵道照复,并函告碍难照准各情,本领事已再三谕令各教士不可执意。今春又接教士来禀,必得前往,复经本领事严加申饬。该教士等知本领事不肯出力办理此事,因此越禀。现在之钦差乃田大臣之子代理,年纪尚轻,故不函告领事查明,遽行照会总署。且我国教会之党甚众,前因三条巷退回地址一事,本领事不从教士之请,遵照贵道所议办理,教士等已有衔恨本领事之心,曾控于外部之前,以本领事逢迎地方官,在镇不能保护教士,请即更换。幸外部与本领事相知最深,故未俯如所请。嗣因避暑一事,本领事不与他们为力,因屡接贵道函复碍难情形,万不能不遵贵道所言。况本领事与贵道交非恒泛,岂有不听贵道之言,反为祖护教士？而且以前尚有数事皆拂教士之请，故教士之恨我已久。今教士竟越禀钦差，而钦差竟为所朦，本领事情愿告退，不闻他们之事。"

钧曰："因教士刁顽，告退似非所宜。果如此，则从此贵国驻华领事之权，均为教士所有矣。且此事本道既奉督宪札函，命与贵领事商办，贵领事似不能见拒。况贵领事云，前曾被教士控于外部之前，尚不能遂教士之愿。岂此番越禀钦差，贵领事竟能容之乎？果贵领事畏教士之刁横，即便涵容，将见轻于人，视贵领事畏葸无能矣。"

郑曰："贵道所言，究欲如何办法？"

钧曰："总之仍万不能准教士前往避暑。"

郑曰："既如此，贵道与南洋大臣能坚持乎？"

钧曰："此乃因地方有碍之事，不但总署咨行，即系明奉谕旨，地方官尚可将碍难情形禀详督宪奏复。况阅教士公禀钦差之词，多系虚妄，贵领事大可据实禀陈田大臣，想田大臣不能不听贵领事之言，而仍为教士所朦混也。"

郑曰："既如此，请贵道将南洋大臣行来公事照会，本领事再酌夺详陈钦差可也。"

钧曰："回署当即照会前来，但尚有未便行诸照会之言，仍要贵领事详达贵钦差为要。"

郑曰："就是。"遂握手言别。

念二日，申初，拜会郑领事。寒暄毕，郑曰："昨已接到贵道照会矣。教士以因城内人多，恐致薰蒸生病。贵道以教士所居城北，乃金陵最为高敞之地，住户既少，与居山无异，且以若定要居山，碍难保护种种情形，皆是确当。本领事曾到宁看过教士所居之地，较本领事署尤为清静。当将贵道照会及贵道前后所言,本领事再据实详告公使。总之,请地方官拒绝教士,我自有办法。"

钧曰:"承贵领事推诚,不但本道与督宪钦佩,即地方绅士亦感贵领事之持平公正,但望贵领事从速申详贵钦差为要。"

郑曰:"本领事昨晚已拟一照会,饬翻译译出,今日我自己再为斟酌,送贵道看过,明日当可发矣。"

钧曰:"足见贵领事办事神速,钦佩钦佩。惟教士中近日如此行为,将来和好友邦,必致生事。本道尝谓我国自与各国通商和好以来,每遇衅端,皆由教案而起。我看中国历朝以来,国势之强弱全凭上天之主持。即如泰西,亦望上帝之默祐。无论处国、处家、做人,皆有循环报应,不可不知也。"

郑曰:"何以有循环报应?"

钧曰:"我国以前千百年事毋须论及,至于庚申英法启衅,何以竟赔兵费耶? 试问中国人民四百兆,以五十人拼一人之命,想英法亦不能取胜。此即有天意存焉,非人力所挽,即循环报应之一说也。何以循环? 闻我国道光年间,泰西人通商中土,官民似欠柔远之道,故有庚申之变局。我想庚申至今三十五年矣,泰西人之通商中土者反客为主,且气焰日甚。即如近年上海,西人伤毙华人之案叠出,甚少秉公办理,凶手亦不按律严办。其余各处教民欺压平民之事,不可枚举。在西人以为中国势弱,无可如何也。岂知人心日忿,自然不平,将来必因事激动公愤,群起与西人为难,地方官恐亦难于保护。一朝之忿,恐西人受累无穷。彼时各国必放兵轮兴师侵扰中国,自然大费周章。彼时海疆一带,将必有能人崛起,兴雄师,调良将,西人自有畏服之日。则中国自然兴地利,振作有为,讲求武备,修造铁路,富强日盛;各国自当亲中、畏中矣。如贵国之南、北花旗,俄瑞、普法之战,皆先弱而后强,所以我历观各国之强弱,皆有天意存焉。"

郑曰:"贵道所论诚然,但虽有天意,亦须人力始能强盛也。"

钧曰:"如人之时来运至,冥冥中自有扶持。若不遭逢运气,动辄得咎。天意使国家将兴,人才自然辈出,此时我国非无人才,多湮没耳。总之,凡人之行运不能数十年,凡事总有数,定不能丝毫勉强也。"

郑曰:"贵道所言,令人佩服。但昨闻日本因高丽之事,有与中国将有决裂之势,有所闻否?"

钧曰:"并无所闻。惟十年前我窥日本发愤自强,讲求武备,及俄人兴造铁路,直达珲春,将有合而谋我之势。曾拟有《备日防俄急宜联英蒿目伤心论》,上呈政府当轴,虽蒙采择,惜未施行。"

郑曰:"如此良策,何以不立见施行?"

钧曰:"所谓数也。"

郑曰:"闻日本近年操练,可战可守,兵共有四万,可与欧美各国比伦,能作西国上等兵。果与中国决裂,恐与大局有碍。"

钧笑曰:"果日本与中国遽启衅端,实中国一大转机。幸甚矣,何为与大局有碍? 此时宿将尚多,果日本事成决裂,则宿将、谋臣联翩并起,兵不怯战,将亦能军。贵领事可忆甲申法人启衅,初则以诈谋毁我马尾船厂,再扑基隆,嗣后观音桥之战即其明验。总之千里馈粮,士有饥色,我以逸待劳,以主待客,自能取胜。若再承平一二十年,老臣宿将,渐次凋谢,兵士久耽安逸,势亦将成解体,一朝有事,似难为计矣。"

郑曰:"贵道所言亦自有理,但愿同享太平之福为佳。"

钧曰:"自然。但贵领事明日发钦差禀,何日可得回信?"

郑曰:"总在三礼拜以外。我今日将信稿拟就,着温翻译送贵道阅过,明晚可发。但我欲日内过访,食中国菜,可乎?"

钧曰:"请订期,当饬庖人烹调以待。"

郑曰:"我不先约,恐贵道费事,我只想食饭。"

钧曰:"可。"于是握手言别。

六月十六日,拜会郑领事。寒暄毕,郑曰:"昨已得钦差回信,照本领事之议,申饬教士,亦不照会总署催问江宁栖霞、紫金山避暑之事矣。钦差既不问,总署此案可作罢论。只要贵道知照地方官,严饬两处庙宇僧人,万勿图利轻许租赁房屋,则教士自无从施其伎俩矣。"

钧曰:"自当知照地方官可也。此事深费贵领事之心。督宪前曾函谢贵领事,今此案已作罢论,则督宪更加钦佩贵领事之公正,实驻华领事中之能顾大体首屈一指者。"

郑曰:"前我所拟申详钦差信稿,得贵道增添数语,实能动听。"

钧曰:"不然。前拜读贵领事禀稿,可谓详明剀切。贵钦差自当照准,亦足见贵领事骨硬好汉,至公无私也。"

郑曰:"日本之事如此情形,恐非两月所能了结。"

钧曰:"前数日,本道曾为贵领事谈及。总之日本用兵过骄,亦过轻视我国。所谓骄兵必败,轻敌必灭也。此时不知鹿死谁手,久战自分。虽日本有久练之师,我视历代以来中国人才愈用愈出,断无乏才之虑,兵事稍久,海疆一带即有名将出焉。彼之师日老而我之气日壮,彼之兵日少而我之众日增,试问日本能坚持三年两载乎?总之我国民心固结,与日本久战,无论胜负,为中国计,富强之机正在此时耳。果非借日本以振作士气,造就人才,再过数十年,一旦有事,则中国恐将成五印度之局矣。此亦因中国二十年来,过于退让宽容,故使日本犯顺。自此振刷精神,然后富强定可操券也。此时不必谈兵,尔我已了结避暑一事,改日请贵领事多饮几杯。不然此事初时,见贵钦差不行问贵领事,竟照会总署,我殊诧异,深恐贵领事被教士暗中唆耸,钦差将贵领事撤调他处。然贵钦差不始终为教士所朦,仍以贵领事之言为是,钦佩钦佩。"

郑曰:"不过此少钦差,若老钦差在京,谅不至此。若此事少钦差不听我言,我即告辞此职,回国亦要与外部声明也。"

钧曰:"我办理闽、广、江、皖交涉事已阅念年,领事之中与本道交好者,不可以数计,亦未有如贵领事之推诚待我如此之厚。"

郑曰:"我但望贵道早日简放驻扎我国钦差,我为贵道之参赞,实所深愿。"

钧曰:"果能重游贵国,定当奉邀相助为理。"

郑曰:"既如此,一言为定。"遂出三边名酒,一饮为凭,彼此畅饮言谈良久,握手告辞。

卷 三

译录会审信隆租船案担律师为被告申辩各词

〔担律师：〕"本律师现须为被告申辩案情。今日威律师申辩，内有数节，我请先从简辩明，再行申辩被告案情。一、即威律师所述修船情节，此层本律师一言足以蔽之，曰各船确应修理妥贴，使可保险。然已费修价二万七千两，其所修亦合桑纳验船师之意。一、合同译文，堂上二翻译商定文意，我愿遵照。然按照合同，原以华文为主，应请问官照华文下判其合同字义，容照鄙见所及再申说之。一、即威律师所说船上机器以及管轮赫斯勃之供词，公堂应信以为实各语。查该管轮供说机器并未妥贴可行，各件非配成、系乱凑等语，无非该管轮欲修上加修，亦管轮之习气使然。然赫斯勃曾亲供其所属之管轮，有不堪胜任者，使机器尤易损坏。复供说所领之煤货色太低，难以蒸汽。而武宁船第二次开行，用煤较好，抵汉口绝无阻难，此亦该管轮所供者。一、即扣留江宁及新福建各情。此事本律师容当详细申辩。兹须辩明者，原告又用'捉拿'字样。我开谈之时已提过，被告并未捉拿各船。新福建在镇江，始终由信隆行所用驾驶人等管理，岂得谓之'捉拿'？一、即所说凡人遇有案件，是否应按照律法办理，抑可遂其所为，二者并不得听凭选择;其可以选择者,或妥照律法办理,或竟置诸不办可也等语。其意谓我之物为人所窃,不必阻止。再进一层说,其意若人在街见贼窃物逃走,其人不可阻止,应投公堂控告,退回其物云云。律法果属如此,诚可奇矣。一、即所说扣留江宁之事,与两造帐目不相干涉,无论原告曾否欠钱,扣船实为有错等语。此说即属有理,而我之扣船道理,与帐目不涉者,尚复不少。又威律师驳我开说各节,称索款是否虚假事属帐目云云……"

威律师曰:"系尔所说。"

担律师曰:"如我有谈错之处,幸请更正。"

复申辩曰:"威律师称我说索款是否虚假事属帐目云云,我所说意思并不如此。鄙意欲明索款虚假,必须查核帐目,尤须细察合同,以及索款是否以合同为本。如所索之款,查出并不以合同为本,照合同并不应有此索款,则本律师以此索款为虚假。再威律师辩驳保单一节,谓徐委员已得其所欲得,并提及隆曾威所出之保单。此事威律师竟未明白,我必申说,使公堂洞悉其中情形。订立合同时所需之保单,我并不拟提及。我从前所说是被告恐失其所有各船之时,各船并无的实保单,则被告所以扣船,实因当时无的实保单,有失船之险。此层应请公堂熟思,缘每船原告如在银行存有十万两作保,被告自无失船之患,亦自可不必有失船之虑。我前提及保单,其意如此。再其情节之应稍辩一二字者,盖朋串诳骗一说也。此说威律师称今有人租用船,已先付租银七千两,又已付薪资,复担承工赀,诸多担险,而谓其人肯做骗制台银钱之事乎? 又称其肯如此做法,冒被告之险,冒倒帐饥饿乎? 如此串骗,太不巧妙,言同孩儿,应请公堂以其所说为不情不实等语。威律师其误会我之本意矣。其所辩之意,似谓我说,原告于未订合同之前,已意存讹诈,而我从前开说之时,并不如此说法。现在我只请说一二句,其详细容再申辩。此事立合同开办时,已属诸多冒失,未经熟筹,然尚无串骗之意。我今申说串骗之事,起诸原告亏空,无从清理之时,此乃实情。盖串骗之计,于行船一月之后,确已起意,夫固显而易见者也。再威律师又辩论桑纳凭单,并谓桑纳如为信隆行所聘,其所请修理之处,准人删去,实属不解等语。且辩论后,复纵言其事。然桑纳已供说信隆行责成在伊,而伊所为之事,伊已剖明其中缘故,所述亦莫不开诚布公。又威律师细辩该行实属有利可图。据伊想,办垫银二万一千两,收回一万一千两,足证获利之说。鄙见买办收所(所收)一万一千两,无从证获利之说,该行帐目初未尝有此一说。况买办所收之款,其中有八千两,系四船买办垫款。按各供,开行四船,必至受大亏而后已,凡属商人,莫不有鉴于此。此本律师顶驳威律师申辩各节之大概也。尚有要事,本律师欲请稍加辩论,此即威律师申辩时首述一节也。此节将来或尚有辩论之时,是以本律师不敢默无一言。威律师驳说公堂,谕将原告先行申辩,伊之驳说非伊所愿,缘异日再有此等公堂,恐不免援此为例等语。其意似以本公堂办法应确照英国公堂章程办理,威律师如以此层为其驳说之根本,本律师必顶驳之。夫英国律法及英国公堂章程,比之地球他国,较为妥善,鄙意固以为然。然英律及公堂章程,亦尚有应整顿之处。斯言也,当亦见许于老练之律师。查印度条律,系由英国著名律师拟定施行,然其中与英之律法迥然不同者,正复不少。鄙意沪上或有设大公堂之一日,亦属沪上可有之事。所谓大公堂者,即大会审公堂,可以统属各国人民者。如设立此等公堂,自须拟立条律办法,此等条律办法,亦自应本诸英律章程而拟。然又有数层,又非变易办理不可,分而言之则如此。合而言之，即就题而言，则问案凡先开说之一造，每占便宜，后申辩之一造，亦占便宜，人人必以此言为然。而照英律，两种便宜均归诸一造，其理我至今莫解。鄙意一造既占此便宜，其余便宜应为又一造所占。如拟定条律章程，有问诸我者，我必以我所论定者酌拟办理。今本案蔡道台所谕办法，实属正办，以后即应照此办理。现本律师请从简申辩被告案情，然仍须尽我之职，使无遗漏。前开谈时，我已将案情分作七款，向公堂申明，使随后各证人所供各词，公堂尤易明白。今届申辩之时，必须紧一层说，已将案情缩成三款。一、一千八百九十六年七月廿五号，原告所索之一万二千六百五(二)十两一款，系属虚假。二、被告扣船，事属应为，其因扣船索偿五万两，毫无根本，殊为可笑。三、原告向被告诈银之举，系属朋串诳骗。此外尚有被告反索之款，亦须申说一二字。此事未传人质证，但请公堂下谕。被告因原告行为不是，致受亏折之处，原告应照付偿。然我所请者，但请公堂谕知此事，以表公堂意见，如此而已，并不请公堂断给若干数目，亦不请公堂谕令，将反索之款照付也。今请将第一款，即七月二十五号，一万二千六百二十两索款，为公堂陈之。查该索款所索无理，其故如左：一、不论何事，均须照合同条款而定。签订合同，以前所有口说之事，不得作准。二、按照合同，各船系照原样交割。惟保船险所需各事，应由被告办理，并曾给予原告权柄，听凭作为商船。其因商船所需，装配修理船上各件，全系原告之事，被告不涉。三、有多项系改作商船所需，与被告何涉？缘各该项在差船本可无需。该索款内所索各项，照合同第七条、第四条，并无一项可索，而信隆所索，系凭此二条。四、修费在千元以内者，应由承租人自付，修费在一千元以外者，仍归中国国家发款。须在一个月前，向中国呈明，由国家承修，而原告未先知照呈明。六、各项票据,当时未经交出,既无票据,岂能照付?乃屡向索取票据,直至审案之时始交。而检查之下,查得所索之款,与理不合。七、凡应索者,只有三项徐委员所谓帐,一系电灯五百两,二系绳索一千一百六十两,三系江宁修费一千八百元。此三项经费,原告屡次恳求徐委员后肯认付一千八百两。此外,徐委员尚认验船费五百八十五两,船牌费一千三百四十二两,又船底铁板一块五百两。然非认各项系应向被告索付,因原告恳求不已,始肯认帐。此项款目,原告如愿接受了结,将船交还于徐委员,本肯照付。况徐委员曾于八月二十号,请在英领事署存洋一万元,并商请将索款归公正人评断,无如所请,原告不肯允从。八、所索装配修费一万二千六百二十两一款。交船之后,只阅一月,且各船均有点交单,所备颇全,并取有营乙芝验船师所给超等凭单。九、边列士供认,被告如将一万二千六百二十两照付,伊可清伊债款,并可稍有盈余。其意如得此款,则信隆付行船吃亏数目外,尚可另得酬资。是照原告所供,全不合理,已可显而易见。本律师现拟为公堂申明,呈堂字据,我并不请将字据逐款申说。因各该据,已经呈堂,可细查核。兹试先以四十五号字据,并请摘出其中二三款申说,以表其所索大概何如。譬如该字据中,有一项开新面包叉一柄,又一项开茶壶三个,又脚盆、水罐之类。即此数项,不必再多向被告开索。按照合同,已属极不合理……"

威律师曰:"我谓此等,皆应装配之物。"

担律师曰:"威律师以此等各物,应置诸应添办之列乎?"

威律师曰:"我不欲阻尔所言。但此确系添办各物,或点交单中所无者,或有在点交单中,而船上并无其物者,亦有因并无其物,被告应承添办而并未添办者。"

担律师曰:"威律师此说,我所欲辩者,盖各船交割时,本照原样交割。威律师申辩时,有一句谓被告所交之船,总应可以开行云云,此说我意正与之相合。鄙见所交各船,如所用驾驶人等,才具堪以胜任,开行必能妥善。至装配一切,鄙见除船上必不可缺之件,及非此不能开行者,此外被告不必应承。被告当交船之时,并将船上点交单一并送去,如点交单内有不合处,亦应当时说定。被告送点交单并无责任,当时不过将船上所有之物,及从前被告行驶时,足以敷用之物,交去而已。如原告装配一切,因用驾驶洋人及因作为商船,遂不敷用,应即明白写信知照被告,并立请筹防局将所索之物照偿。如原告答允徐委员所请,于第二个月内,将该事归公正人判结,当时即可详细查核断结。然则原告现在所索各款,系作为商船所需,岂能向被告索取?此等物件,原告说置诸装配之列,我说并可列入食物之类,皆系原告行船做生意所需,应由原告自行付给,与被告不涉。我再请由字据中指出数项,鄙见以为该数项向被告索价,殊属荒谬。譬如冰箱、沙漏、茄菲磨、舢板费之类,无论当时归公正人,或现在由公堂查核,必查出均不应向被告索取。此外尚有一单开洋腊烛三十三磅,又舢板费……"

威律师曰:"舢板费系装配船上各件之人所需。"

担律师单曰(曰:"单)中并未指明何人所需,况舢板费总与被告无涉。单中尚有数页所开,均系一类之物,为数甚大。再编列四十七号之字据中,有购地图及修理船上时辰钟二项,与原告所做生意固属必需之物,并甚有用,然与被告仍无涉。其编列四十八号字据中,所开舱面麻布遮阳,与船上驾驶洋人及搭客固甚有用,然与筹防局不相干涉,因船本照原样交割。其编列五十号之祥生厂一单,大半系在舱房内,装配中国搭客所需之床……"

威律师曰:"此即是郭委员所认之铁板价。"

担律师曰:"郭委员并不认价应伊付,惟因屡被纠缠,始尤照付,但与认帐不同。且所说之单,系修武宁之五百二两五钱二分,单中并未提铁板之事,均系修理锚练、油漆、烟囱及塌钉二十四个之类。其五百二两之中有四百三十七两,系添置中国搭客床价,此系原告生意所需,全与被告不涉。别船所索有与前项相同者,我不必一一指出,免费工夫。然本律师所已指出者,足见该字据之究竟何如。其编列五十二号之字据,系大英医院所开之药箱发票⋯⋯"

威律师曰:"奇矣。此项徐委员已盖戳,当时已算在帐内。"

担律师曰:"盖戳一说,公堂自能见及,不必我言。至药与原告之事固甚有用,但与被告何涉?其编列五十三号之字据,内开双盏灯一个,手照灯一个,大餐台灯等件,有之自属方便,但与被告仍无涉。其编列五十五号之元泰发票,所开各件甚长,如大餐刀、果子刀、分菜刀叉、茶匙、包得酒杯、雪梨酒杯、香水酒杯、鸡蛋杯等件。又如红白绒氊(毡)、煎甜饼镘、靴刷、腊台等件,诸如此类,不一而足。此单我又须重复辩明,我从前言此等物件向被告索价,殊属可笑,此后我拟请勿再张张字据都加批语。且编列五十六号之字据,内开量货机,称一千磅重货之天秤,锉子十四把,保险灯、红罩灯之类。其五十七号之字据,系拖船费九纸,其中所填日期,有在交船之后已过许久者,足见事与被告不涉。其六十六号之字据,又系元泰之单,所开甚长,计数百元之多。如螺丝锥、皮酒杯、红酒杯、开铁罐刀等,又如大手巾、床褥、枕头、夏布等类,全单如系一类之物。其六十四号之字据,所开系拖船费。其六十五号之字据,系台架、瓶架之类。其六十七号之字据,又系元泰之单,该店所发货单,其能照帐收到,与船上生意颇不清淡。此单计八、九百元之多,所开与从前相同,如镜子、大手巾、小手巾、台布、茄菲磨、皮酒杯、床褥、水壶等类。其六十八号之字据,系修理舱房单,然所修何物未详。其六十九号之字据,系祥生厂修理零星物件之单,内有七月二十四、二十七等号,以及八月十二、十三、十四等号所办各物。其时已在原告收船之后,按照合同应由原告自行付给。其编列七十号之字据,又系祥生厂单,内开七月二十五号及八月七号所装配之各项,按照合同亦应由原告自行付给。其七十一号之远昌单,内开装配船上零星各物价,如圆罩灯之油、日记簿、火柴之类……"

威律师曰:"有多项已经删去。"

担律师曰:"是惟物价未删。"

威律师曰:"原告呈堂之票据,本不止一万二千六百两。"

担律师曰:"各项并未删去,如钟、镜、水罐、灯、棕席、洗面盆、茶盘之类。第一纸系武宁船上之物,余皆江宁船。其七十四号之盈昌单,内复有大餐家具,如煎饼镬、白蓝盆、烘饼钳、早餐家具及皮酒杯之类。此等票据,我不知细说厌烦公堂。我表白之处,已足见原告所索各项之单,每单必须详加察核,其各项应否向被告索取。本律师请公堂查核各单各物,听候评断。"

韩总领事谓担律师曰:"请问各单是否共计一万二千六百二十两? 尔已否将该款票据均已呈堂?"

担律师曰:"是。该票据约自四十四号编至八十号,我当初所以请将此一万二千六百二十两一款欲分清者,欲使所索之款是否公道,公堂易于查核,内有各项在鄙见以为荒谬已极。即异日公堂查核各该项之时,亦必以原告既需此项物件,何以不并索船上薪工,及行中日用开销等费为之诧异。缘原告所索,其意凡伊所付者,均应由筹防局发给,伊但知收款已耳。其第一项索款尚不至此,而末后所索之款,竟如我所说办理矣。我所说之话,及辩论呈堂之字据,均另有字据,可凭一编甲字之合同。该合同紧要之处,系开首一节,以及第二、第四、第七、第八等条。我所说原告索款,与理不合之首先五层缘故,均凭各该条辩论。一编列第一百五十三号,给委员之通禀,我所说第六层缘故,即索取票据不得之说,该禀中言之甚详,公堂不难明悉。徐委员所具之禀,在八月二十五号,是争端初起之时,徐委员已有向原告索取票据,苦不能得之说,该字据即原告现在始呈堂之字据。彼时若早送交徐委员,归两造延请公正人评断,其案早已判结无事。故徐委员八月二十五号具禀督辕,声称无从索取票据细情云云。其过实全在原告,所幸各该票据,今该原告迫不得已业经呈堂矣。此层本律师所以必须向公堂申明者,缘两造一争索取票据不得,一争送交票据不收,所争若仅口说,并无笔据,自当别论。然徐委员八月二十号禀中,既有莫从得其发票一说之字据,其中情节不可同日而语矣。一编列一百三十五号之字据,我所说之第七层缘故。即凭此而言,此即辩论徐委员允许各项之一节也。一编列三十四及三十六号之验船二凭单,即第八层缘故之所由来也。然此等字据之外,徐委员供说编列一百三十五号字据,内所开各项,其何以允许之故,亦应请公堂熟思之。其所供之词,亦我说之第七层缘故所凭。边列士所供,该一万二千六百二十四两一款,如照付伊,伊既可清债,并能稍有盈余之一说,即我之第八层缘故所凭。今一万二千六百二十两一款,本律师须申说之处,均已无之。其二万五千两及四万两等款,我谓之索款,原告辩驳不认。然原告要此两款,其意其故实属索款。即不然,二万五千两一款,必应谓之索款。此款如何算成,据边供说之时谓已述之,一万二千六百二十两亦在其内。又武宁船费用四千两,武宁船上所用之煤一千两,宁州船费用一千七百两,机器遭损吃亏二千两,共计二万二千三百九十九两。其余三千六百两,系注销合同应偿之款,并谓当时未将细情告知徐委员。是则边列士所要之二万五千两一款如何算成,徐委员何从知道?然编列二十二号之字据,曾有付给二万五千两一款。原告代垫该船应修各项所费,并备办所租四船应装配各项,及办食物所需等款。今照边列士所供,请仅以注销合同索偿之三千六百两一项而言,即非修船装配及办食物所费。是边列士在二十二号字据中谓索款,系因某项所费,而问供时又说系他项所需。总之,其二次索款与初次索款之意相同,曰:付我银不必问我索付之故。至四万两一款,其情节相同,除谓之索款外,我不加细辩,耗费工夫。然本案所索之七万两一款,我又须请为公堂陈之,此款亦照今晨从简办法,所需工夫尚嫌甚大,万不能行。只得仅将索款不合理之票据所编列之号数说出,请公堂将我已辩论之票据,及将辩论之票据,逐纸细查。缘我若请将票据取出,由我将票据所开逐项辩论,至少须一天方能辩完。所幸票据业已呈堂,公堂将来自能一一细查也。查此款票据,自八十号至九十三号,又九十五号至一百六号,又一百八号至一百十三号,所开各项甚多。察其情节,不应向被告索取。其第一项索款,所索尤属过分。然本案信隆向被告所索之款,似无一不备矣。不独索取修理、装配及办食物所费,即行船所需开销,以及其家室暨写字房,并诸凡与船务有关者,所需费用,亦无不向被告索取。其索取之故,大概已形诸边列士所供,谓被告毁坏伊之生意,而伊必须度日。至毁伊生意一说,被告辩驳不认,若原告能否度日,非被告所知,但被告不能任其以被告之银借此度日。我已谈出之票据号数,即本案原告所索伊担承各款项下之票据。其所索之第二项,即系借款。被告称照合同,无一项应向被告索取……"

威律师曰:"我索此,因被告违背合同。"

担律师曰:"索偿借款,无论如何总属无理,难以置辩。其所索费用银钱,负欠物价,谓不由筹防局担承,已不合理。其所借之银,亦须向被告索偿,其理尤为不解。"

韩总领事曰:"当时我曾谈过,索偿、借款殊不合理,但原告申明,其所以将该项票据呈堂者,盖欲表其所索之款如何花费,惟所取借款项下之名目,殊不切当。"

担律师曰:"确然如此,但彼从未改此名目,亦未申明其可以索偿之理。"

威律师曰:"我想此层我办了十天。"

担律师曰:"原告固已将票据一百十四号至一百二十一号呈堂,所有二十八号、二十九号亦在其内,此等号仍系借款下之票据。即使原告已申明可以索偿之理,其将此案票据呈堂,与将担承各款项下之票据呈堂相同。公堂若与我同一看待,亦必以此不应向被告索取。再一百二十二号至一百二十五号之经理人帐目,无论按照合同,或因违背合同,向被告索取,与理不合。其所索之末一项,即阻留货物换船一款,只有编列一百二十六号至一百二十八号之字据也。本案所索之第一款,即七万两,业已辩论。其第二款,即因扣船索偿之五万两,我请再为辩之。八月二十四号,被告扣江宁,何以有理?新福建在二十九号扣留,又宁州九月八号扣留,何以亦属有理?如今我再申辩,必与从前我开说时所论相同。查扣留各船,以江宁情节最重,而扣江宁船实属有理。其故如左:一、七月底原告勒索一万二千六百二十两,所索系属假冒,致人生疑而启争端。二、原告于八月八号,请将武宁、宁州二船交还,而八月十四号忽索银二万五千两,方能交船。并交来有英领事署盖印之字据一纸,内载所索之款,然并未言其详细。嗣于八月二十一号,约一礼拜后,徐委员请在领事署存银一万两,将索款归公正人评断。缘商议交船之事,彼时本尚未决裂,而公评一层原告不允。三、其时原告妙手空空,人所共知,外间并有将倒帐之谣,复欠有被告租银借款。四、原告所有四船,被告手中并未执有的保。五、宁州约八月廿号或二十一号忽离上海,既不装货,又不搭客。各处探问,谓系开往烟台,而船上并无货客,知非赴烟。数日后,上海接得消息,谓有船在海面遇见宁州,往香港开行,驶出中国境界之外,凡此极足以启人之疑。六月二十四号午前,原告来信,谓该船已抵香港。曾道台接信之下,惶恐异常,有失他船之虑。及闻江宁亦将开行,名为驶赴汉口,实亦不知何往,不得不防其蹈宁州覆辙,爰即设法扣留。在沪之各船,向挂中国旗,至今尚挂;既挂中国旗,华官愿扣,确有扣留之权。以上七层缘故,足表华官有扣船之全权,并足表其扣江宁船实属有理。加之所有口供,足证所疑,并非无因。且宁州之开赴香港,非因变卖,即为逼令华人照付偿款,免致尽失其船,其意亦属显而易见。况另有口供,供称新福建原告亦有照办之意。故被告之扣留他船,阻止驶行出境,确有全权,并且合理,已明如日月矣。至八月二十九号阻止新福建一举,除与阻止江宁之缘故相涉,业已申辩外,尚有原告八月二十七号禀督宪之电,声称索款两天之内如不照付,定将各船变卖云云。复有是日致曾道台之函,内称原告将照英律变卖该船。另有徐委员八月念五号之禀,详述其中情节,是在阻江宁之后,及未扣新福建以前。其间既出有此等情节,则被告之所以扣留新福建,亦足见颇有道理。至宁州,于九月初……”

韩总领事曰:"宁州本案并未索偿。"

担律师曰:"此船我只有一言要说,曰扣留亦殊有理。其与扣留各船有相关之字据,我不详细辩说,拟将各该字据问公堂指出。缘工夫有限,不能全引字据内所述也。今我试将字据指出,请公堂随后再查。其与江宁船有相涉之字据,为十六号、十八号、十九号、二十一号、二十二号、三十九号、四十号及一百五十号。与新福建及他船有相涉之字据,为二十五号、四十一号及一百五十三号。此扣船一节我要说者,曰前开说案情时,我所说者已皆确凿有据矣。盖船为国家之船,所挂之旗系中国旗,原告之疑盗卖各船,亦实有可疑之处。其意即不能变卖,亦将开至中国境外,勒令被告付给巨款赎取。讵知如此办法,实属行同海盗,其比海盗能稍好否? 我不知也。况被告疑虑之处,系属有因,亦经全行证实。夫如是,而谓被告不应阻其盗卖各船,不应阻其开出境外,实属可笑。其扣船并未稍用势力,即用势力,亦极属有理。兹请申辩第三层,此层即朋串诓骗之事,前已提及,今已证实矣。然我未辩其中情节,今我须综言之。本案两造所供各情,要知是否原告所供可信,抑徐委员所供可信,我说委员所供,当可信以为真。缘原告自认其致税司之信,内有假话,若在英国公堂,遇有此等情节之事,律师每用拉丁字句,曰:一假百假。而徐委员则未说假话,其于八月二十五号所禀细情,与各证人所供全属相同。"

韩总领事曰:"该禀曾译英文呈堂否?"

担律师曰:"贵总领事如要译英文,我可抄送一分,惟我之译文,不知是否果属甚佳。"

韩总领事曰:"不知贵律师是否凭该禀申辩?"

担律师曰:"我多凭此。其禀已呈堂,编列第一百五十三号。"

威律师曰："我所争原告申辩应在后,足见言之不诬。"

担律师将现成译文一分,呈韩总领事。复申辩曰:"该禀我已提过,今又须以此辩论,以其所具之禀,借可证其所供之真也。禀中情节颇全,而具禀之日,又在八月二十五号争端未起以前,未成涉讼之意,可知所禀固真。而我所辩之要义,亦即在此。至原告致税司之信,其真情实已毕露。彼时原告正在设法请税司发还船钞银两,初未想到信中措词宜极谨慎,致将真情和盘托出。所谓真情者,盖即原告所说之行船亏折缘由,大都因备办码头为难之故也。霉斯船主所带之江宁船,以做生意论,系属各船中最佳之船。该船主供说甚详,尚谓该船所入,仅足以给开销而已。若有相宜码头,或能获利云云。其所说获利一节,是否确然如此,尚属可疑。然原告为难之处,难莫难于码头,其所供之意却甚明白。即边列士之意,当时亦以求得码头为最难,其意亦极明白。查边列士去信,系求发还船钞银两,当时未蒙照发。未几,伊即明白此事非另行设法办理不可,乃另作信,所述殊形歧异,与八月六号致税司者迥然相背。虽然原告朋串诳骗之举,如无英领事署以扶持之,早已中止作为罢论矣。当时,英总领事为哲美生君,鄙见原告以此事告知哲君,其办法有二:一、原告所诉,伊尽可置诸不听。缘其时伊权膺臬司,该案不论何时,或投英臬署控告,伊未便预存成见故也。一、按照中英所订《天津条约》第十七款办理。查从前有英商某大字号遇事,告知英领事署,该署恐所事将来或在臬署涉讼,曾有告以不便相助为理者。"

韩总领事谓担律师曰:"批评英领事官行为,颇不易言。况哲美生君如今不在沪上,凡有以英官所作为不合者,应诉由政府办理,非本公堂所能为也。尔所言,我不欲从中阻止,然所言与本案究有何涉,我殊不解。"

担律师曰:"我所言有英领事及上海道往来公文内所开可凭,被告及我因此均有是意见,我非不欲免提此种情事。然此案所以能迁延如许之久者,职是之故,则我又不得不申明之。"

韩总领事曰:"若尔所言,句句我可阻驳。"

威律师曰:"此案在领事署所办之事,惟有我知,而我亦并不知其详细。"

担律师曰:"我请但说其必不可不说者。至其详细,如以为宜,我异日尚有申明之机会也。"

韩总领事曰:"英领事署之作为,事涉英政府之官员,与本公堂毫不相涉,本公堂岂能申斥之?"

担律师曰:"我未请公堂申斥,亦从未梦想请公堂如此办法。然此事若照鄙见所及,果能正办,则此案早已调停,不至久延莫结,致多耗费。此则本律师以为应申说者也。"

韩总领事曰:"边列士第一次索偿时,本署当即询问,应由何处公堂投控。本公堂未设以前,本署中并未得知此询,至今尚无回音。我所欲说者此耳,此外可不必言。"

担律师曰:"此层我已提过,威、纳二律师以此案未投英国公堂控告为不然。我开说案情之时已说过,其未如此办理,应由我一人担承。其中缘故,我请向公堂申说。幸总结申辩之时,事事每得详细辩说。我试以当时我之办法言之,其办法或有错误,亦未可知。然我请说实情,并请将何以不愿投英国公堂之缘故,致阻此案久未定局,尤须将何以情愿担承其责之故,并申明之。我之办法合与不合,我申说后,听候公堂判断。查英领事署当时办法有二,我已说过。其中一法,未经取用,其所取用者,与闻此案,往来行文也。夫英署总领事当时果以此案理应与闻,确有缘故,则我以为其应按照《天津条约》第十七条办理,方尽其职。此说或有颇以为不然者,然我以为必须如此办法,方为合理。缘该款内载领事官即当查明根由,先行劝息云云。而此案劝令息讼简便之法,应与我接洽,原告有国家律师……"

威律师曰:"否,否。国家律师与此案有涉之处,当伊承办之时,我不在沪。"

担律师曰:"原告有国家律师,其时我为被告所延之律师,若果欲照条约所载出力劝和息讼,则按约义原系询问两造案情。其最便之法,莫如致我一字条,约我前赴领事署商议此事,并定如何办法。在我必情愿前去商定妥法,事可速速。况条约又载,遇有争讼,领事官不能劝息者,应即移请中国官协力办理云云。而此案所行之文,均系径自照会上海道,并不与我,亦不与被告接洽。或谓被告系中国政府所设之局,上海〔道〕系中国政府所放之官,与之接洽犹如与被告接洽无异。抑知此说尚有不尽然者,缘上海道系局外之官,与筹防局无涉,故与上海道往来照会,转觉隔膜。即能有济于事,而所延时日已属不少。其照条约劝和之意,应与之接洽之人,实本律师也。再,往来公文之中,内有一句,我欲申说。因有是句,我始立意此案万不能投英国公堂控告。"

韩总领事曰:"证人未供及之公文,贵律师何得申说?"

担律师曰:"我开说案情时,贵总领事自向我说,我欲辩论公文,系属我应有之权。况我所欲辩者,系属实情。今我欲辩论公文,请问贵总领事尊意是否以为不合?"

韩总领事曰:"我或曾说过,凡公文中,尔有凭可据者,尔或可以申说。然贵律师身为我英国之大律师,欲将未呈堂之字据起而申辩,我殊为不解。"

担律师曰:"我将引辩之字句,贵总领事若以为不然,我亦无可如何。"

韩总领事曰:"尔所说系何字句,我不知也。"

担律师曰:"此案系属非常之案,将来再归上官办理,亦属意中之事。果尔,则所有情节或尚须寄至北京、伦敦两处京都。或须吊取此案往来之公文,以便稽核,亦未可知。"

韩总领事曰:"此固意中之事,然公文确未呈堂,则又不得同日而语矣。"

担律师曰:"使被告之心,不能放心者,即此公文也。彼时其如何不放心之处,我想理应申说。好在各公文将来或须呈诸上官之前,听凭察核,则我亦何必定欲引辩该公文?"

韩总领事曰:"尔所说系何字句,我并不知。然未呈堂之公文,尔欲读而辩之,我驳不允。"

蔡道台曰:"公文在此,可请详细一阅。"

韩总领事曰:"诚然。然威律师并未请取公文。"

担律师曰:"上海道已将公文移交蔡道台。鄙见此案办法,应由承审官判断。至判断后,韩总领事从与不从,可听其便。韩总领事所最不能从者,或以此案被告未投英国公堂控告为辞。果尔,则我可以申说所以不投控告之故。现在,我但欲申明该案照当时英国领事署行为,万不能控诸英国公堂。至其中详细原故,以及我何以有此一见,我可不必申说,缘韩总领事辩驳不准我说。然异日我遇有机会,我仍愿将其中原故详细剖陈也。再曾道台赴英领事署拜会一节,其往拜之故,照口供系因要问话两句。一、原告是否确系英国人民;二、合同是否确在英领事前签字。再有一事,出诸无意之中,而案情即可由此而明。此即威律师盘问郭委员时,闻江宁船上之人是否难于烧饭,因兵船上人见船上有烟,即去问信等语。查威律师如此盘问,当时无非欲使公堂听之,以为江宁船上之人无端被人骚扰不已,其情甚苦。后来复请公堂,以江宁船上之人被兵骚扰,致有难于烧饭之苦一说信以为真,所幸随后证人所供则异是。江宁船主霉斯供说,伊领得银一百两,并奉饬竭力揽(搅)扰华人。伊奉饬后,与管轮遵照办理,煎烧柏油,使烟由烟管遁出,有时复蒸汽移动该船。诸如此类,借以搅扰兵船之人云云。既得此供,则威律师以此句盘问郭委员,意在摇动公堂之心可想而见,然其意可鄙矣。推其所以饬令搅扰华人之故,盖欲激怒之,使之严行办理,然后从中取利。虽然原告于此案始终办法,大概本不离乎此耳。再边列士切实供说数次,谓雷税司答允付索款银九万两,又另允三万两。雷税司将索款单留在伊处查核一礼拜,或十二天后……"

威律师曰:"边列士供说时,谓有人如此告知伊听。"

担律师曰:"伊先供说雷税司答允,后又说尔如此告伊云云,所幸口供已刊刻许久。"

威律师曰:"我有我所抄之案,我凭此说话。"

担律师曰:"我所说,系凭已刊刻之口供。查边列士所供,雷税司并愿付给注销合同银三万两,连九万两共计十二万两。而上海道阻止未付一说,已由雷税司到堂驳称全属虚假,并称此说毫无可信之处云云。虽然本案伪言荒谬之处甚多,此殆又一端欤。再原告以其所办之事,皆系徐委员所属,并借口谓电报禀函,均由徐委员核准方行寄发;复谓既经徐委员盖戳,足见原告向筹防局所索系属真实;更谓其与原告拼股办理各语。但观徐委员担保买办,及其当时上督宪之禀,具报索取原告票据之难,以及所报虽迫于势,仍当尽职各情,足证原告所言之事又属子虚。夫徐委员系年高之人,于英语、洋务本无所知,而受德于徐委员者,亦待之若此,丧尽天良,可耻孰甚。先以无稽之言骗其出租各船,继又迫之以情,使其保银一万两,借其办理大公司之名,支撑门面借多借债。另更设法使之答应各种款项,俾不能尽职于上官。及知其不复能为,乃禀揭于督宪。如此行为,其卑鄙为何如耶!再武宁机器一节,案中供说已不一而足。乃威律师所申辩者,大概辩其所盘问桑纳各情节。推原其故,盖欲以武宁机器较轻之小节,掣肘公堂。查该船据赫斯勃供说,所用之煤货色甚低,其管轮亦时常调换,不堪胜任。然尚能往来汉口,开行二次,至第三次始遭损坏。其损坏之处,若费银五百两,一二天即可修好。果有好煤、好管轮,该轮颇可行驶。至说机器一节,不免形容可笑,然此非真真紧要关键也。其情节较重之处,其实在无理之索款,及向督宪逼索银两耳。至朋串诓骗之事,我之复状中已详述及之。我开说案情时,亦提过此事,已全证实矣。其未定合同之前,原告生平所作生意,我盘问甚短,现在我请将此层申说一二句。边列士来沪一二年前,伊说在苏门搭拉作生意,与该处岛主有交易,此项生意伊自说后来未成,嗣与荷国公司有交易……"

威律师曰:"此即是前项生意。"

担律师曰:"荷国公司事亦属无成,再后与怡和行有往来之交易,然此边列士又自说亦未成就。末后承租筹防局轮船,此事却不能说毫无成就。原涉讼大案,业已成功矣。至宁勒,先曾在斯笔则尔行办事,嗣为信隆行股东,而订立租船合同之时,毫无资本。然则原告租得四船,往来长江沿海一带,作此绝大买卖,不已交非常之运乎？第该行既无资本，又不能拉帐。问各口有经理之人否，曰无之；有码头之便否，曰无之；有经理船务之阅历否，曰无之。乃竟承租各船，谓之冒失荒唐，谁曰不宜？虽然，原告居然租到四船，未缴一元保银，有告知徐委员者，谓边列士及其妻……"

威律师曰："尔将以妇女牵涉此案乎？"

担律师曰："徐委员谓原告，伊说边列士之妻颇有钱，此已录在伊之供内，我并未问及此事，均系伊自言之。并谓因闻此，始将船租与信隆行。而该行开办之时，已觉难于觅钱开销行船所需。爰于签订合同后十余天，即告徐委员，说伊等无钱办理，并谓非有钱不能承办租船合同。徐委员闻之进退维谷，原告亦明知其必为难，缘事已咨由总署核准，如合同果不照行，势必惟徐委员是问。嗣经原告说由徐委员答允，担保买办银一万两，原告始得开办船务。初诸顺手，似尚可行。两礼拜后复说由徐委员将第四船租给该行，签订合同。然租船均由验船师所请修理妥善，始于六月间陆续交割，随即开行。讵知船上用人应得薪水，比之别家船上较少。所雇管轮，其中有并未领得凭照者，时常调换，不堪胜任。船上机器，致有毛病，加之所烧之煤甚坏，不足蒸汽。此等情事不独使各船难以获利，并使之诸多冒险。况各船著名（明）不合商船之用，欲图觅利，本不易易。两月之内，受亏负债，一败涂地，原属意中之事。七月杪，该行银钱窘迫，情形无出其右。债主四面受逼，肆行恫吓。原告见事已至此，乃敢名（明）目张胆设此计策。自彼至今，迄思一逞，七月二十五号遂有索款之事。此款边列士自说，若照付给，除清债项外，并有盈余。不料徐委员向取票据、细帐，原告百般央恳，徐始答允以五千九百两为度。然此数不足以清其所负之债，原告因立意捱不交船，希图变卖，并开出中国境外，使督宪惊惶，遂其所欲。其时,武宁适遭损坏,在七月二十六号,正在原告批评该船机器之后,其事亦甚可异。讵知原告遂以此借作题目,虽所损抽水机费银五百两即可修好,亦不修理。至武宁损坏一节,该船正管轮供说,其将接管该船机器时,原告曾闻(问)伊欲使船上机器损坏,可作得到否云云。此外,尚有口供骇人听闻……"

威律师曰:"该管轮如何回答,尔应说否? 岂伊并不答以不能任机器被损?"

担律师曰:"尔如以此句为有益,我自应说。然机器如何损坏,尚有骇人听闻之口供。其损在何处,及应在何时损坏,彼均早已知到(道)。且另有口供,谓原告中有一人说机器倘不损坏,焉能向筹防局索款。此说原告二人彼此意见相合。由此观之,案中情节之隐险者,莫此为甚。而原告复设法请英领事署,为之维持于其间。此愿既偿,即将为四船所索之一万二千六百二十两,于三礼拜内骤加至二万五千两,并以此作为交还二船所索之价。既复由英署总领事哲美生君处谋得一字据,盖有领事之印。其字据内云,交还二船,应先付银二万五千两。原告以此为护符,出口以示徐委员,谓索款万不能假,否则英领事署岂能盖印……"

威律师曰:"此说口供内有否?"

担律师曰:"徐委员说'该字据我不信,然彼指出有领事之印,我不知如何说好'云云。"

韩总领事曰:"是尔所说? 抑系徐委员所供之意?"

担律师曰:"我所说,系委员所供。"

韩总领事曰:"是徐委员所说,系属如何?"

担律师复申辩曰:"此法虽妙,华官仍固执如前,立意不付其所不应索之款。讵知原告第二种办法,尤为胆大,竟将宁州开赴香港,其报关系开往烟台。故开赴香港,系属私走,船上亦无货客。此事有某轮船在海面遇见,宁州向该港行驶,被告始得消息。事既查出,不容不认。原告因即自行函告曾道台,谓该船已开赴香港。其意武宁损坏索款未得,今将宁州私行开赴香港,足使督宪将各船阻留在沪,借可凭此向督宪索款。其欲督宪阻船一层,已经各证人供说明白。其新福建一船,考诸各供可见,原告亦有开赴香港之意。幸在镇江被扣,未能如愿。而扣船一举,今原告控诉以为错事,求为伸直。抑知伊等所设不法之想,曾声称欲照办理。被告因而阻止原告,岂能借此为索款地步?此后,宁州当经香港臬署在该港扣留,所有四船均分别扣在各处,至今尚在。其时,案奉查办威、霉两律师,及原、被告各造均在场,查办许久。既毕,被告函请与原告照所查调处去,后原告迁延十七天之多,于一千八百九十六年十二月十号,始复以不允所请,然并无还议办法。复请由英领事与上海道往来行文,而被告于一千八百九十七年正月十六号,复请将事归公正人评断。两天后,接复不允公评,其所以不允之故,未尝声明,亦无还议办法。上海道复许以两造之公正人,均延洋人,复由该二人请一人为二洋人之公评人。商请再三,而彼造终不允许,并谓其所以不允者,因归公正人评断其时已属太晚。按凡事欲归公评,推托太晚,本律师从未闻之,此说殊为无理。其归公评一请,如果允许,则正月二十号即可开办。且公正人既系洋人,无须翻译传话,全案二月间,即六个月之前,当可定议。而彼造不允,只以时已太晚为辞。第案归洋公正人评断,边列士自己供说当可全属公道,乃边不肯允许者,是边之不要公道,但知要钱可知。所幸原告虽多方百计,而此案仍归官审理。今案情毕露,其中情节之坏,自洋人东渡以来,未有如此案之坏者也。原告前在伊用人之前,所说轻浮说话,今该用人已向公堂供过。原告中有一人说,该局现与上海顶大流氓二人做交易,第一年租银可不想收取分文。又华人已在伊掌握之中,华人应知此非多多给钱不可。又伊等要华人如此,竟如所望。又香港一案,边列士说我已拉住华人,武宁之事,我知不足以借端,故我将宁州开赴香港。又边列士说,华人如不扣船,我无以拉扯,船将自扣。此外另有口供,谓边列士想事可调处,故船上薪工单饬令一月浮开九百元之多。此案谎言诳骗之事,层见叠出,所供各节昭昭在公堂耳目,何劳我重言以申明之?试问寻常英商字号,在其用人之前,有说此等语者乎?亦有做此等事者乎?此问固不必答,而人自喻矣。至徐委员于一千八百九十六年八月间允付之款,约计六千两,应自被告问原告反索之巨款内余算。故被告并不欠原告之钱,而原告所欠被告之款,为数甚巨。应请公堂宣谕曰,一、原告索款,查得系属虚假欺人;二、被告扣船,极属有理;三、原告朋比为奸,存心诬骗被告。又原告所控,应注销不理,所有被告因原告行为不合,致受亏折之处,应由原告照付。其在原告处之船,应由原告即行交还。以上各节,应请堂谕者也。查此案甚长,乃蒙蔡道台从容不迫,耐心研审,曷胜感谢。伏维蔡道台办理闽、广、江、皖外交,已逾二十余年,曾随使欧、美等国,并充当总署章京。其阅历之深,办事之能,华官中罕有其匹。今遇此繁难之要案,禀派审理,亦足见督宪之知人善任也。再此案复荷韩总领事,暨萨、凤、福三位翻译相助为理,亦殊感泐。"

蔡道台曰:"过承贵律师推誉,殊不敢当。本道荷蒙上宪委审此案,惟有黾勉从事,稍尽厥听。今堂讯四十余次,所有各证人所供,暨两造律师所辩,本道已听之详矣。而于各口供尤为悉心研究,其呈堂字据颇多,逐件详加察核,在在均须时日。兹欲为两造秉公办理,拟俟缓日再下堂判。"

七月三十日,巳正,韩总领事偕萨副领事来局拜会。寒暄毕,韩曰:"昨会讯事毕,约定今早奉拜,欲与贵道商酌,堂判可否彼此商妥再发? 因昨接驻京钦差电,命将全案申详钦署。"

钧曰:"昨始讯毕,本道尚须详细察核两造供词,秉公定断。本道胸中毫无成见,然而两造供词已讯四十余堂,逐一详细推敲,亦非旬日所能了事。贵总领事既奉贵钦差命,将全案申详,甚好。本道定断此案之后,亦要禀请督宪,咨呈总署。昨晚将两造供词,从第一次至第四次阅毕,已四点钟矣。"

韩曰:"未免太劳。因此案已辛苦两三月之久,宜歇息数日,然后再办,何必如此急急?"

钧曰:"计商办此案,往返来此已六阅月。此时既已讯毕,自应从速定断。况南京尚有要公,均候本道回宁办理,未便久羁沪渎。"

韩曰:"我每年夏天必得赴日本神户避暑两月,今年因此案羁身未克前往。今仍拟明日就道,约须五礼拜始回。贵道可否待我回来,再会同发此堂判?"

钧曰:"贵总领事已定赴神户,本道未便相阻,但堂判亦非一二礼拜所能办成。"

韩曰:"贵道能彼此商量,大约如何定断?"

钧曰:"本道曾言,此时胸无成见,如何定断,尚难相告。"

韩曰:"若照担律师所辩之词,未免太重,万不能全听律师之言定断。况律师乃得人讼费,稍有聪明措词,自然能使人动听。"

钧曰:"律师受人讼费,系本分之事。若原告果系理直气壮,被告证供不确,即律师极大聪明亦不能使人动听。果不以两造及人证供词及律师辩论酌夺定案,则律师之设究何用乎?"

韩曰:"担律师以原告等朋串诓骗,并不能指实,何能以串骗坏人名节?"

钧曰:"证供确凿,串骗显然毫无疑义,岂能掩饰?本道只知秉公判断,不知其他。况此案中外皆知,若判断不公,虽不顾公论,不畏政府及上宪见责,然问心何以自对!"

韩曰:"但此案捉拿轮船一层,将来我政府断不答应。"

钧曰:"扣留轮船一层,担律师已辩明白,毋庸本道赘述。况人证供明,并无以势力捉拿,而且各船仍挂中国旗号。被告因原告欠租,应保护自己数十万船本,扣留并无不合。"

韩曰:"担律师以原告所开之帐全然虚假。至于所买杯、盘等物,亦船上应需之件,何得谓之浮开?"

钧曰:"譬如以屋租人,岂有房东供给饮食、铺盖、动用器具之理?总之,此案是非均经律师辩明,本道亦毋庸再论。惟此事初起贵总领事不令调处,似觉失当。"

韩曰:"我何能调处?"

钧曰:"按律(《津》约)十七款云,一、凡英国民人控告中国民人事件,应先赴领事衙投禀。领事官即当查明根由,先行劝息,使不成讼。若贵总领事以前不为袒护,何至闹成若大讼案?此案本道若不认真秉公定断,与本道名节攸关。若贵总领事始终袒护此等劣商,将来播传中外,亦大有碍贵总领事声望。"

韩曰:"所有存堂帐据,能否借我查阅?贵道存留华文,如肯借阅,愿出收单,何如?"

钧曰:"本道今正在查核,一时未便借阅。"

韩曰:"所有存堂各件,皆配汉文。贵道以汉文查核,洋文便可暂借。"

　　钧曰："汉文乃系译文,恐与洋文有不符之处,尤不能不详细核对。"

　　韩曰："务恳借阅。"

　　钧曰："改日再说。"

　　韩曰："将来堂判必先与我一阅,然后宣布。"

　　钧曰："照例不能先经示人。"

　　韩曰："尔我相好,并无他人知之,可以先日给我一阅。"

　　钧曰："且到彼时再说。总之,此案定断之后,贵总领事不喜欢,我亦不管;众人浮议,我亦不管。我凭公道定断,乃是本道分内之事。倘将来宣示堂判,贵总领事如不驳回,则就此了结。若贵总领事或有异议,则本道不能不禀请南洋大臣,飞咨总署,转咨我国驻贵国钦差,向贵外部理论。况贵国法律,计分两种,一曰刑律,一曰户律。钱债归户律,而窃盗、作伪、讹诈、诓骗、朋串皆归刑律。今原告行为若照贵国法律,难免治罪。"

　　韩曰："不至如此。我明日下午登舟,就此告辞。请贵道将原告呈堂帐单送萨副领事查核,何如?"

　　钧曰："待本道酌定再说。明早再到贵总领事处送行。"时已午正,握手言别。

大清钦差南洋大臣委办信隆控案承审官前署常镇通海道蔡堂谕

　　堂谕:英商信隆行控金陵筹防局出租轮船蟊轕一案。按照《津约》十七款,并《烟台条约》第二端第三则,设立公堂审判。本道奉南洋大臣两江督宪刘札委来沪,承审是案。大英驻沪总领事官韩,照约临堂观审。凤守仪为本道翻译官,驻沪英副领事萨允格为观审官之翻译官。威金生为原告信隆行律师,担文为被告金陵筹防局律师。本年六月初一日,假天后宫出使行辕,设立公堂,第一次堂讯,嗣迁至广肇公所,直讯至七月二十九日方毕,连审三十六天,共四十余堂。

原告索款有三:一为一万零零七十八两三钱一分,一为五万九千九百二十四两四钱八分,一为五万两。并请令被告将租与原告之武宁、江宁、新福建三轮船,照二租约逐款照办。被告不认欠原告银两,并控诉原告均属朋串诳骗。查原告索款,悉凭原状内开之甲乙二租约为张本。甲为租用三轮船,即驾时改名宁州,斯美改名武宁,并新福建,其租约于光绪廿二年三月初四日签字。一为租用江宁轮船,即前名江顺者,其租约于光绪廿二年四月初九日签字。原告所索,以上所说之三款,谓代被告垫付各款,并各船修理、装修、屯储、用物等项,并谓照租约,被告应当担认。至五万两一款,谓被告错扣各船,因此原告索偿之赔款。

据被告答云,原告所索之款,即一万零零七十八两三钱一分,五万九千九百念四两四钱八分。此种索款系属虚假欺骗,被告并不欠银。至五万两一款,据云有理扣船,不能担当赔款。并反向原告索偿二款:一为八万三千三百两,一为七万八千四百元。然被告当堂并未供证。案将讯毕时,仅请谓原告应行付给被告反控之款,皆因原告行为错谬,被告因此受亏,此项受亏之款,被告可以证实等语。

查六月初一日,初次堂讯时,原告律师威金生因病未到,其代办律师纳而生为原告申言。后威律师悉本其说,又推广言之。当时纳律师开办原告控案时,并无简明纲领,仅以大概立论。其言曰：原告照租约曾付被告之经理人徐赓陞，陆续共付过银七千八百三十七两，均付以买办帐房支票，悉由徐姓盖章与租约一式。嗣因被告深讶修费太重，索还二船，允存银二万五千两在英总领事衙门为赔款。此说并未照办，徐某复以派兵看守各轮，恐吓原告。因此原告将宁州报赴烟台，实开往香港，归入英国海面。江宁轮船于廿二年七月十六日不准出口。新福建于七月二十一日为镇江关拿住。宁州船由香港英臬司衙门拿住，均未在上海。英臬署控告如此拿船，实违公法。且徐某又干预原告办理船务等语。

第二次堂讯时，威金生律师曰：前堂纳律师所言，本律师意见相同，今当推广言之。徐委员所借给原告之银，皆系徐之私银，与被告即筹防局无涉。当此案轇轕之始，被告只有两路可走，或到英署控告，或赴北京上控。查各船虽挂中国旗号，按照租约，应当英船观，非华船也。原告已用去修费银一万二千两，为被告未交船之前所应修者。此一款连已付之七千两船租两，共银一万九千两。此案轇轕之始，此款被告应收入在原告帐内。因欲证实原告所争各情，即传以下所开人证讯供：边列士、宝勒、克勒斯、基而莱、王荣祥、蒋伯恩、赫思勃。审讯各证时，原、被均有许多字据呈堂作证。原告之案，于本年七月十三日完毕。

担律师即于是日引开被告之案，曰：被告案情其要端有七，可以包括一切。一、被告不能担任原告一万二千六百二十两索款，因有至理是以不付。二、所有原告索款，全是虚假。三、被告扣船时，被原告欠有银两。四、被告有理扣船。五、原告行为是朋串诳骗。六、原告之案，借武宁机坏砌成，该船机器损坏，无论原告有意毁坏与否，其咎总在原告。七、被告多设善法请调处其事，而原告并不还设一法，迁延之咎，全在原告。担律师又云：所有一应租船事宜,统包括在租约之内。原告欲以未签租约之前口说作准,此说不能听焉。缘原告自供一万二千六百二十两索款,大半以未签租约以前之话做成,不凭合同。查各船,被告并未截拿,照原告所供,不过恐吓派兵上船,船傍泊有兵轮,直至如今等语。且原告口供,已显出原告欲将该船移出中国海境。船挂中国旗号,自然被告有理扣船,何能勒令被告赴英署控告,或至北京上控?此时无庸详述,将来总辩论时再当细说。即传以下开列之人证讯供:徐赓陛、郭勋、英格、哈富勒、雷乐石、梅斯、沙纳、黄德顺,并有多件字据呈堂。被告之案于七月二十七日完毕。

威律师即于是日起总辩论原告之案,至二十八日毕。担律师即于是日起总辩论被告之案,至二十九日毕。担律师又云:威律师总辩论内所说原告案中之要端,就说被告违法扣住江宁轮船为一大错,此错惟堂上可以直之。然此案堂断,悉凭此公堂将来再坐与否。威律师总辩论曰:查被告当时曾许交原告可以行驶之船,并允付一切修费,照商船修理,能使各该船照常贸易,并指边列士、徐委员之供以证各船修理。又辩租约字义,又指赫斯勃供证武宁船机器,又云该船机舱内有许多尘垢,各船装修交船日期付船租银,致南洋大臣、曾道台各电报,致徐委员各函,一万二千六百二十两索款,徐委员所呈之帐不真,徐委员认欠原告银五千九百两,议交还二船一万二千六百二十两,索款何以骤增至二万五千两等情。

又云案中要款有二:一为一万二千六百二十两,照租约被告应付而未付;一为本案控追之款,现在应付。盖宁州船之开往香港,因徐委员不肯付还索款,又不能得南洋大臣暨筹防局曾道台复信。徐委员又恐吓用势力挟制各船,似此情形有据可证。所以宁州之开往香港,为觅公道起见,此事他人不能诘问,惟海关能之,然海关亦未尝诘责。又云扣留江宁,实违公法。又云被告应至英臬署控告,彼时英总领事署中官员,并未结实设法以助之,英正臬司并不知此事。若一经知情,胸有成见,决不审理此案。所以被告应照律法前往控告,否则束手听之。

威律师又将细帐申说,并云扣留江宁与帐目无涉。如徐委员愿以局银借与原告,岂能作为原告欠筹防局银两?至担律师引开被告之案时所说之七端,并申说原告不肯请人公议之故,又控诉原告朋串诓骗等情,所说不真,兼有稚气。威律师复因武宁船机器一节,详查沙纳供词,又以赫斯勃之口供两相比较。又查各证所供,边列士与宝勒二人所说,此事是一骗局之语。又申说原告理财情形。又云原告行驶各船,生意获利颇丰,并申请堂断,如数断给原告索款,并断原告讼直。

担律师为被告总辩论曰:本律师当首先答复威律师为原告总辩论内之要端。所谓未交船之前,各船应当修理,此说我亦允从。惟被告应修之处,仅以修到该船能得保险为度。各船业已保险,用去修费计银二万七千两有奇。以满劳逸船厂保险行验船师沙纳之意,讲解租约字义,惟以华文为断。至武宁机器一节,该船正管轮赫斯(斯)勃欲该船精求修改。然该原告供认,伊手下所用之管轮人,间有持无管轮执照者,并且不能胜任,损坏机器之险与时俱增,况用坏煤,难得蒸汽等语。至威律师之辩论,谓一人只有两法可取,或控告或听其自然。此论甚谬,凡有至理,阻挡贼人盗己之物而逃。至保固船本一节,威律师全然误会。所谓保固船本者,并非指订立租约之时而言,指在该船遇险之时,船本毫无抵挡。至朋串一层,威律师亦全误会。所谓朋串者,非指原告未立租约之前,系指原告积欠累累,无台避债之时而言。且威律师尝试证显沙纳验船师之验凭，不足为据，此节并未办成。又欲证显原告所作生意赚钱，此节亦未办成。因原告并未将获利全帐供证也。

担律师又云，堂上问官饬威律师先行辩论原告案情，甚为合理。今讯供已毕，此时理合辩论被告案情。乃曰：查被告之案有三纲领，可以包括一切。一、原告于二十二年七月十二日向被告索偿一万二千六百二十两一款，系属虚假欺骗。至本案控索银七万两亦属欺骗。二、被告扣船极有理，原告索偿赔款银五万两，殊属无本可笑。三、原告索银行为，实属朋串诳骗。尚有细目九条以扶第一条纲领。

一、所有一切事情，须照租约字据为断，不得以未订租约以前所说之话认为证供。二、照租约，船照原式交接，应修之处总以能得保险为度。听凭原告作为商船，所有改作商船修理装饰用去之银，全属原告，与被告毫不相干。三、有许多款目，为作商船用去者，被告果不相干，因官家差船、兵舶，无庸此种装修也。四、此种款目，原告边列士曾供，按租约第四款、第七款，可以照开。今查得照租约第四款、第七款，此种帐目均不能开在被告帐上。五、所有修费在一千银元之内者，归租船人付给。查各种款目，并成此索款，其逐款数目均在一千银元之内。修费在一千银元之外者，均须得有被告准凭，须由被告修理，而原告并未向被告要此准凭。六、原告并不将各项细帐票据送交被告，此种票据为被告屡向原告索取，而不可得者。既无票据，不能索银。直至堂讯时方始呈验，查得所索之款甚为无理。七、徐委员只认三款为原告所应开者：（一）修理电灯银五百两；（二）绳索银一千一百六十七两；（三）江宁船修费，至一千八百银元为度。后竟修至一千九百两，徐委员亦已认任，因原告屡次央恳之故。后徐委员又允验船费银五百八十五两,各船费银一千三百四十二两,换船底铁板一块银五百两。此种款目,照理不能开被告之帐,因原告常向徐委员恳求烦渎,所以允之。以上各款,如当时结帐交船,徐委员本可照付。查二十二年六月十五日,徐委员曾许存银一万两在英总领事署,将帐目请公正人公评,原告竟不允所请。八、一万二千六百二十两修船等费,原告索款时,在劳逸验船师出给头等天字一号验船凭单,及点交完备清单,交船不过一月之后。九、原告边列士供认,一万二千六百二十两之索款,彼时如能得到此银,除付去债项,尚有余银。照此口供,除去原告行驶各轮亏银外,不啻以若干银奉送。供认若此,足证原告索款之无理为尤甚。

　　担律师当堂查验呈堂各据,由四十五号至八十号,指出帐单内所开各物,照租约均不应向被告索偿。复指出多款,以显原告索款之荒谬。复指呈堂字据内编甲字号者,即租约,以证其说。租约首端引言,及二款、四款、七款,均与前说之五款有关。又指呈堂一百五十三号字据,与前说之第六端有关。此据即是去年七月十七日,徐委员详南洋大臣之禀件。彼时徐委员并未料到有今日之讼案,可见无所用其捏造假供。徐委员之向原告索取票据细帐,而原告掯不交出,足见当时徐委员之为难为何如耶。又指呈堂一百三十五号凭据,与前说之事七端有关。又指呈堂三十四至三十六号凭据,即验船据,与前说之第八端有关。除以上字据外,复有徐委员口供,与前说之第七端有关。又有原告边列士供认,一万二千六百二十两索款,除付清债项,尚有余银,此供与前说之第八端有关。又指呈堂二十二号字据,即原告索偿银二万五千两一款,边列士当堂所供之话,与该据内所载之话不符。足见当初原告与徐委员所处之境,就是尽向徐要银,不许徐问话。至四万两一款,其批驳情形同上,无庸细述。至本案原告控追之七万两索款,此时无从详细说,其可驳之处较前尤甚。只能将呈堂号数声明,由八十五号至九十三号,由九十五号至一百零六号,由一百零八号至一百十三号。至原告索偿借款项下,呈堂号数由一百十四号至一百二十一号,连二十八号、二十九号、一百十一号都在内。又指各口经理帐,即呈堂之一百二十二号至一百二十五号。又指停留货色索款,即呈堂之一百二十六号。至扣留各轮船,原告索赔银五万两,担律师声称其理有七,可以显明被告有理扣留江宁轮船。

一、原告在六月下旬假造索款,勒偿银一万二千六百二十两,疑窦由此而生。二、原告允于六月二十九日交还武宁、宁州两船。至七月初六日,原告忽欲在交船之前索银二万五千两,并呈一字据,书明此数,上盖英总领事之印,并无细帐。徐委员愿于一礼拜后,约七月十三日,在英总领事署存银一万两,将交还两船索款,请公正人公评,原告不允。彼时交还两船之事,尚在商议。三、原告系著名日处无钱之境,谣传将倒,被告之船租、借款,被原告二者并欠。四、原告执管之四船,被告手中并无保据。五、约在七月十二日或十三日,宁州船忽离上海,既不装货,又无搭客。探悉报关赴烟台,然不能信其必到烟台,因无货客之故。数日后,上海得信,该船竟往香港,开出中国海境,因此大疑。六、七月十六日晨,接原告一信,谓宁州已抵香港。曾道台一闻此信,十分惊骇,惟恐别船尽失。又闻江宁将开赴汉口,深恐此船又欲开出中国海境,因此设法将该船扣留在沪。七、各船皆挂中国旗号,直到如今,华官有理扣船,应为而为也。至被告大疑宁州一节,事出有因,业已供证明确。且原告有意将新福建一船,仿照办理。至扣留各船,华官未用实在势力,如欲用若大势力,亦属理当。今说被告作为无理,真是笑谈。至上年六月念七日，原告致沪关税司一函，其真情业已毕露。原告生意亏耗，实因无码头栈房之故。

担律师又指《津约》第十七款，曰：如英总领事署不扶持原告，则朋串诳骗之局，决无能为。如英总领事不听原告之言，不先行文上海道台，按照条约劝息，彼时两造均已延有律师，和平理处。至令江宁船主尽力扰恼华人一节，该船主均一一照办，当堂供出如何扰恼之法，务使华人起衅，原告借此有辞指摘。至原告谓沪关雷税司愿付原告银十二万两，为上海道台阻拦一节，雷税司已经到堂证明，此说全属虚假。至原告之待徐委员，实不公允。担律师复将原告朋串诳骗，及被告案情纵论毕。

本道悉心斟酌，详核各供呈堂各据，并两造律师辩论。查中国律法，重在字据。本案有许多字据，能证案中要键，口供不若字据之重也。此案首先应查者，莫过于各船租约，因租约为包括两造一切之全约，是以口说之事，不得与焉。租约系华文，言之甚明，被告将原船照原式出租，各船修理已照能得保险为度，听凭原告作为商船。如原告要改作商船之用，其因改为商船用去一切银钱，全属原告之事。如改作及增添一切之费，意将归被告付给者，应在租约内详细载明。况修理费被告已用去银二万七千两之多，已满劳逸船厂保险验船师之意，并开具在船各物详备点交单，连船一并点交原告。当时原告并未挑驳，亦无续修、增修、装修之请。查租约第二款内，载明所有一切费用，全归原告付给，与被告毫不干涉，被告但收船租而已。查租约第四款内载，所有寻常修理数在一千元之内者，归原告付给，数在一千元之外者，由华官付给。但此等不得已之修理，每起须一个月前知照华官，然后由华官将船送交船厂入坞照修。

本道查核呈堂各件，自四十四号至八十号。今查得所有各款，原告要被告照付者，其数皆在一千元之内，照租约应由原告付给。复查得仅有一字据，系原告请被告允准购办绳索之据，然并无一据为原告请被告准其修理费在一千元以上者。此外，呈堂各件内尚有多款，皆为船上装饰及屯储各物，而全非修理，照租约无一款能令被告付给。除徐委员允准为数不多之三款外，原告毫无一据能证实船在被告手内，亦应有此等修理、装饰、屯储各物也。上年六月十五日，原告向被告索偿之一万二千六百二十两之索款，其为虚假欺骗显然明矣。所以当时徐委员屡向原告索取细帐票据，而原告揸不交阅，惟恐一经呈验，立见虚伪。且原告无据能证，其曾将如何汇成一万二千六百二十两索款细帐票据，或交、或许交徐委员查阅。而徐委员有上年七月十七日，详报南洋大臣禀内声明屡向原告索取细帐票据而不可得之凭据。

本道以为一万二千六百二十两之索款，为此案最要之关键，全案悉本于此。虽尚有别种要情，然皆不及此节之紧要。原告索偿此款时，如以被告不付为不应，则被告应担任此绝大干系，不应不付之咎。彼时若以被告不付此款为有理，则原告无理索偿，揸住各船，其绝大干系悉在原告肩上。如原告当时允徐委员之请，由该委员存银一万两在大英总领事署，为原告之保银，将索款延公正人公评。其时在上年七月间，岂非全案得能从速查讯了结？奈原告不允所请，其为情虚不敢将索款由人详查细诘，但知逼勒被告付此一宗巨款，而不得闻问其细帐。此外，又如原告边列士供认，谓彼时伊如能得到此一万二千六百二十两之索款，除付清各债外，尚有余银在手。试问彼之修理索款，焉能谓其按照租约修理乎？此即显出原告之索款无理若此，何忍熟视哉？是以上年六月十五日之一万二千六百二十两索款，不能开上被告之帐，证供如此结实明白。原告虚伪欺骗，已经证实，毫无疑义。

原告又供因一万二千六百二十两之款未付，是以有本案七万两索款之语。被告本不欠原告银一万二千六百廿两，则七万两之索款全然倾颓矣。本道查核如何汇并成此七万两索款呈堂细帐，兹查得所开各物，按照租约均不应被告付给。被告不付初次索款，并不违背租约，而此款无论凭何张本，被告总不欠此银两。至被告控告原告朋串诳骗，本道不得已而言之。此节已供认明确，所有原告索款，本道业已断定全属虚伪，因有众多凭据，不仅被告之供证，而原告之供已自显然，妄行逼索被告，付此不公道之索款。本道不能不说原告之朋串诳骗，已屡次证实矣。

至五万两索款，原告为被告错扣各船之赔款。查江宁船于上年七月十六日，阻止出上海口。未扣之前，原告屡试问被告付银一万二千六百二十两。约扣船二十天后，则有二万五千两之款，被告既知索款虚伪不公，自然疑心丛生。比及原告不允公议索款，愈滋疑窦。此外，原告自供，那时十分为难，各债主逼迫，行将倒闭云云。被告船本既无保固，一闻此信，诚恐各船被人盗去，不得不紧察原告之举动。正为此事之际，原告将宁州船不装搭货客，报赴烟台，私往香港。因此，被告之疑心愈重，忧虑愈深，及知该船不赴烟台，真到香港，已出中国海境。若不即行阻止，深恐各船有失，所以将江宁船阻止出口。仅隔一日，原告又具函并发电恐吓被告，如不速付索款，要将各船出卖等语。时隔四天后，新福建船在镇江被阻，原告有意要作之事，竟为被告虑着。可见被告并未错疑原告，众供显然。至宁州船开往香港，原告已供认为勒迫南洋大臣付彼索款起见。查洋证人当时为被告所用者，亦已供明，原告曾将各船试行出卖,所以被告扣留各船,甚为公允。至被告扣船之权,本道之意全凭当时船上所挂之旗号为断。查船上确挂中国旗号,自应按照中国律法办理。况中国系自主之国,倘中国官员以为有理扣船,自有全权。所有原告索偿扣船受损赔款,着不准给。

本道查得原告全错,所有各船被原告无理揸留约有十二月之久。被告因此受亏,耗去之银原告自应照付。惟被告未供出数目,此端又未请堂谕,本道亦无庸多述。轮船四艘,原告应即速交还被告,控案注销。此判。

武宁轮船管轮向信隆行控追薪资断偿英刑司堂判

武宁轮船之管轮,名欧芝勃。在英刑署控追信隆行,自上年七月一号起至十二月一号止,积欠薪资用钱。于六月四号传集人证,开堂审讯。原告延担文律师,彼(被)告延威金生律师申辩。

担律师到堂称,信隆行雇用原告,每月定薪一百七十五元。除领得若干外,尚余六百元未曾给领。所称原告应承薪资,俟信隆行与华官指筹防局言。争端了结后,方能核给一说,原告辩驳不认。担律师言毕,刑司传原告,令将信隆行于上年十二月二号所立,经英副领事毕芝宝君盖戳之九百二十五元期票呈案,并询问威律师拟如何办理。威称期票郑重,伊非不知积欠余款,无从辩说。惟原告控追之用钱一百元,不肯照认云云。刑司谓原告控追之五百元,自必断令照缴,现所争者,惟用钱百元耳。威向原告驳诘,原告称用钱系被告所允许,此款曾有俟与华官了案付给之说。武宁船主福勒司称,信隆行东谕令船主,自九月一号起,将原告名下用钱,每月照五十元算。又谕令船主浮开八月间薪工伙食一切帐目,并谓

可望华官照付等语,船主遵谕照办。威问福曰:"然则汝仅浮开八
月间之帐乎?"福曰:"八月约浮开九百元之谱。"威问:"然则汝能
决定九月间并未浮开乎?"福曰:"未。宝劳克信隆行股东之名。在
写字房内,谓余曰当租各船时已意存讹诈等语。"刑司传宝劳克到
案,声称正月八、九号,信隆与华官之争端,次日可望了结。因思船
上办事各人候领薪工已久,当时将其用钱并开在薪工伙食帐内。
惟所允许付给用钱,须俟与华官争端了结后,方能照给。

　　威律师申说毕,刑司谕曰:"按照以上情形,本司应照陪审官应
有之利益,所谓陪审官之利益,凡决案但决其是非,而不剖说其所以然。仅
判案而已。所有原告控追之五百元用钱不在内,应判令被告照付,
并缴堂费。"

香港英臬司判语

　　查此案,一为宁州轮船管驾,以该船欠付薪金经费等项,计洋
一千五百三十三元三角二占,请向该船追理。一为该船自伙长以
下一切水手人等,以该船欠付众人辛工,合计洋一千七百六十五
元,请向该船追给各等情。当经该船东主大清国,延请本港大律师
佛兰些士代为报到,并据租船人上海信隆行东自行报到。嗣于本
年西历十月念八日,据大清国所聘之律师,投递呈词。拟请本衙门
将该两起原告各禀注销,并有大清国新关驻港税务司誓词,以为佐
证。而原告管驾亦递誓词,以相抵驳。本司乃将两起原告所控之
件,合而为一,以便易于听断。复据各造愿意,遂于西历十月三十,
暨十一月初四日等日,先后将该律师呈词听问。据称,所以呈请销
案,其理有二。一谓原告控追之事,明知被告未便置辨,而故闹之

本衙门，于此项词讼原不该准等语。

查此案，原告所控系为薪金，本司未可遽凭该律师之言，不为追理，然则第一段议论必不可行也。其第二段议论，则谓大清国驻港人员曾具诉词，声明不愿归本衙门审理此宗案件。而其所以不愿之故，盖有至理在焉，本司尽当如恳施行等语。谨按海务通例，应将以下事款逐节究明：一、宁州轮船可是异国之船乎？二、该船如系异国之船，尤当查明投递不愿归审诉词之人，可是该国委办公务、有权代诉之员乎？三、该员如系该国委办公务、有权代诉之员，尤当查明所诉之语，可是情理俱到者乎？查宁州轮船系挂大清国旗号，然则所问第一事已无可疑。若夫第二问之事，大清国既无领事官在港驻扎，而税务司亦非大清国领事之阶。使原告初控之时，该差若非奉票向该税司传知，则彼已自不该到案，且亦不能以差人漏将定审日期向彼传知之故，而声诉嗣后不肯复到之语。迨后查得该差已将定审日期奉票传知，嗣据该税司誓词内开，伊系办理大清国洋关事务，曾奉大清政府给权办理此案云云。

至其不愿归审之故，约有四端：一谓宁州轮船承租人上海信隆行东，曾立租约，载明所有该船应用之管驾、伙长、管车以及一切水手人等，均由该行雇用，所有薪金亦由该行开发等语。此段质之原告管驾，亦经承认，果有其事。二谓该船租与信隆行，只准于大清国口岸各处往来。乃信隆行违背租约，于上海报关出口时指往烟台，及至出口之后，径以该船由原告管驾直驶来港，志在阻止船东不得将船收回。而该船之归落，本衙门管辖并无问过船东允许而行之。三信隆行于租约内有愿买该船保险，然而究竟未买，该税司始乃出名代大清国为该船买得保险，其费亦系该税司付给。四该税司既代船东办事，如果该船归还船东，由伊代收，则所有欠过全船自管驾以至水手一切人等各薪费,该税司自愿付清,计至初控之日为止。即西历一千八百九十六年控案第五十号入禀日期。复查以上四款,均系实在情形。其第二段尤为确凿,皆足以动本司之听,将所有原告禀控宁州之案,驳还不理可矣。

惟是此案一经驳还,则又难为原告,且令伙长、管车、水手诸人尽抱向隅。然而本司凭供取断,该伙长以下诸人落船办事,其船既属大清国之船,则其人之应奉大清国之例可知。原不该以欠付辛工,投赴英国海例衙门禀请向船追索。若谓昔年有案,如比利时国之握参菲船欠付管驾辛金,该管驾曾投英国衙门禀控。当时比领事有请将案注销,而英衙门答以该船欠下钱债太多,断难相抵。若俟该船回至比国,则该管驾无望追还云云。本司则以为未尽合理,盖该船既属比国之船,则该管驾必须归奉该国衙门管辖。即使该国衙门不予之直,英国衙门亦不宜为之申理而冒干预之名者也。虽然本司于此次宁州一案,前在便听议政之时,亦尝力劝此项辛工,总以付给为是。今将两起原告禀控之件,着令一并注销。至若案内情形业经查明,原、被均无不合,所有堂费各缴交。此判。

卷　四

告驻沪英美法领事整顿租界巡捕无礼事

光绪二十三年丁酉，九月初六日，钧任沪道。下车伊始，各国领事相率来拜贺，缘各领事以前皆有交谊，故先施也。十六晚，宴各领事于洋务局，均欣然惠临。

席次，德总领事施君曰："自通商以来，任关道能通西语者甚鲜。今贵道既通西语，况经历地球一周，阅历之深固不待言。且交友性情豪爽，和气迎人，尤属难能可贵。此间得一外交官如此，固为贵国地方得人庆，即我各国侨沪官商，亦将同沾庇荫也。"各领事闻施君是说，金赞所誉非虚。

钧曰："谬承过奖，恶何敢当。惟本道素性戆直，遇事推诚，且愿闻己过，倘有不周到处，还望诸公指教。尝思以前地方官，间有与西人稍存芥蒂者，皆因隔膜之故，彼此不肯直言。即如租界巡捕无礼貌情形，想各位领事固不知之，工部局董亦未必知之。然本道前随使欧美，凡巡捕每见使馆车来，必以手加额示敬。今上海以道台为最长之官员，道经租界，巡捕不但并无礼貌，且有轻视之心。本道前署镇江关道，因偶见巡捕在舆前以木棍玩弄，当告驻镇英、美领事贾、郑二君，立即传谕申斥。自后各巡捕均有礼貌，地方商民均甚欣喜。今见上海巡捕，较之镇江尤甚，无怪以前上海道均谓，不但西人轻视我官长，即巡捕亦毫无礼貌。因此小事，致存芥蒂，然各领事及工部局未必知也。若以前上海道皆肯直言，贵领事及早知之，又何至如此？惟此虽小事，颇有关系。盖租界商民耳目近而议论多，若窥巡捕见官长无礼，均将谓西人轻视我们官长，是可忍孰不可忍，则商民之心，岂免怀恨？本道履任，亟欲先从我们兵勇整顿始，因我们兵勇往往见西官亦多失礼貌之处。不过即使传谕，而兵勇颇有难辨者二：因西官常服与商民同，兵勇难于分辨者一；我们兵勇五天一换班，或十天一换班，即使此班辨清是官是商，一换他班，又俱茫然，其难二。本道今传谕各营，凡有穿官衣之西人，应行以手加额礼。今虽已传谕，能分别否尚未敢必也。"

法领事白藻泰曰："此事如贵道不言，我们确不知巡捕有此无礼情形。"

英总领事亦谓："今贵道不言，我亦不知。既如此，本领事与法领事可转告巡捕头，自后应加礼貌。但贵道如乘舆经过租界，华捕知之，或尚易办，恐西捕亦难辨白。如贵道乘车经行租界，则更难分辨矣。"

美领事哲君曰："莫若请贵道车夫胸前悬一记号，何如？"

钧曰："可。本道以银牌一个，命车夫悬于号衣胸前，好否？"

白领事曰："甚好。"

英臬司兼总领事汉南曰："我英美租界有巡捕房四处，请贵道发银牌四个，悬于各巡捕房，限四十八点钟便可遍传华、洋各巡捕矣。"

钧曰："甚好。后日当将银牌送来。"

于是十八日，将银牌交英、法领事。二十后，道经租界，各巡捕均躬立行以手加额礼。间有三五华捕、一二西捕,似有不愿之意,见钧乘车将近,避入他处佯为未见者。钧以铅笔记于手折,某刻某分道经何路,巡捕无礼。

嗣英、法、美领事相晤,为钧曰:"今各巡捕房已传谕,将贵道送来银牌悬挂捕房,想各巡捕必有礼貌矣。"

钧曰:"承贵领事见爱,实深感佩。但间有三五华捕、一二西捕,见本道车来,躲避不愿行礼者,亦有之。即如二十一日一点钟,道经南京路及九江路,有巡捕躲避者。"

如是英、美领事将钧所言,以铅笔注记。法领事传谕巡捕头,遇钧路经法界,暗中窥视,有巡捕见钧来而不以礼貌者,立即罚革。且英美租界,将当日钧所记无礼貌之巡捕,革去二名,罚三名,并革去西捕一名。自此无论华、西、印捕,每见钧来,相隔十数步,即躬立以手加额矣。

十二月初十,由洋务局迁入道署。时工部局先命人请示,是日入署准何时由何处经过。届时,英工部局以马巡捕四骑,于仪仗之前领道,巡捕头操扶轿杠,由大马路直绕黄浦滩,皆有巡捕把守路口,不准手车、马车相撞。及至法租界桥,英工部局巡捕立于桥畔,举刀为礼。然后法工部局以法捕二十四名,肩枪随从轿之左右,直至十六铺止。此为向来未有之举也,足见西人何尝不讲礼,以前亦因彼此隔膜,以致如斯耳。

记禁米出口过严遭谤事附创建吴淞验疫医院

钧任沪道两月,承西国官商均尚推情相待。有西友为钧曰:"闻日人有在中国购运粮米,以备其国中四年之用,贵道不可不知。

即如以前，日本购运贵国铜钱三四年之久，贵国并不知之，以致贵国制钱日少。贵道不可不预为筹及也。"钧闻此言，正拟筹办，适黄爱堂大令谒见，谈及办漕一事，并谓近日米粮之价日增，能禁米出口最善。钧曰："正有此意。"于是禀请督、抚两宪，禁止米粮出口，以两月为期。已邀批准，遂下禁令。

嗣有常关委员翁寅臣司马谒见，曰："现奉谕禁米出口，查常关以前历任，虽奉禁米出口之令，仍照常准商载运，所以有洋关禁而常不禁之说。"

钧曰："同一禁令，何以禁洋关而不禁常关？有是理乎？"

翁曰："常关亦何尝不禁！盖商人以米佯报白豆出口，常关明知其故，佯若不知。以前禁米出口，常关收税必旺者，职是故耳。况常关税增，与宪台有益。"

钧曰："我之请禁者，恐奸商运米出洋耳。既常关不禁，仍可转夹板船或轮船载运，何能杜绝？总之，不管以前若何，我今无论洋、常，一概严禁。"

翁曰："若果如此办理，宪台必吃巨万亏，似不值当。"

钧曰："任此优缺，即使吃亏三五万何伤？务请严行禁止为是。"

翁司马唯唯退去。随即函知雷税务司，必得从严禁止，不准颗粒走漏。讵料禁令过严，致增奸商之怨。两月禁令将满，忽奉督宪电，以米税本一大宗，只可暂禁，今两月期满，即行弛禁等谕。适有怡和买办唐杰臣递禀，以该行栈储米太多，势将霉坏，请弛禁令。钧当以顷已奉督宪谕弛禁，明日可知照洋关，此禀毋庸批示，尽可报关。讵料唐杰臣得此消息，捷足先登，遂即先行报关，运米数万石赴津。弛禁甫及旬日，查出口之米，计载十余万石，米价每石已增至七元余。嗣本城绅士禀请仍行禁止出口,当即电禀督宪。旋接督宪电谕,以禁米出口,只可暂禁,久禁于税务有碍,且拨还洋款,亦借米税弥补,所请仍禁米出口,未便准行云云。钧当即电复,以弛禁旬日,米价日增,将至八元,若不禁止出口,价必日昂。沪地贫民既多,粮价如果日增,民不聊生。今为民请命,务乞恩准,万民幸甚。始幸督宪体恤下情,俯如所请,于是复行禁令。

不料奸商前因禁米过严,衔恨刺骨,此次甫开禁旬日,重行申禁,借此捏造谣言,皆谓开此旬日之禁,为自己贩米出洋之计,竟至城中租界,皆以米客目钧。然自问无愧,何恤人言?况任此优缺,岂肯作此图利招怨之事?虽至愚亦不至此。且因米价日昂,钧为捐廉平粜,自甘赔垫,不下三万金。并念钧于利之一事,视之最轻,生平并无嗜好,惟善举及济人之急,虽典质,亦所乐从。

前晤盛杏荪丞堂,以徐州赈济事,钧倡捐银三千两。盛曰:"公之乐善不倦,令人钦佩。"

钧为盛公曰:"鄙人每谓富翁之中,多半守财虏,舍本身实益、来生好处不顾,专为儿孙作马牛,此种人可谓愚蠢之极。"

盛曰:"何以有今生、来世实益?"

钧曰:"计中国四百余兆人,如尔我穿绸着缎,食鱼吃肉,出门非车即舆,试问万人之中,能有几人?此实生前积德,故今生享受此福,足见天之报施,奚啻倍蓰?凡人身受他人恩遇,尚须饮水思源,不忘图报。而谓苍苍者,俾我一生,享受此福,可不报乎?然报天无可为力,只有种德一事。鄙人常谓人生能多种德,成仙成佛皆系空言,惟种德果多,虽不能定享大年,处此晚近之世,刀兵水火之灾,定可邀免,必获善终,岂非今生实益?至于今生积德既多,冥中果有轮迴(回)之说,则来生虽不敢望如今生之红其顶、花其翎,大约四五品官职，尚可希冀，决不致投生作穷汉、乞儿，岂不是来生好处？且钧常为妻子曰：'我自问今生来世，可保不作贫人，惟可虑者，第三世耳，何则？倘再生不能如今生之想念，恐生于富贵之家，骄奢淫欲，无所不至。则第二世晚年，已不能保无饱暖之虑，第三世则为牛为马，亦难保耳。'"盛公以钧所言确有至理。

盖钧遍游各国，以及南北数省，目睹耳闻之各果报，实足令人惶悚。人生斯世，固知不可有丝毫昧心事也。钧于戊戌季夏，因天旱，率同厅、县赴邑庙祈雨。甫入庙门，远闻人言："何必求雨，少贩米石出洋，好过求雨多矣。"钧闻此言，伤心曷极。至行礼时，默祷于神，不禁流涕。祝曰："夏亢旱不雨时久，禁米出口而米价翔贵，石至八千，台评舆论，皆疑有放米出洋事。历任故事，洋关禁米，常关仍以米报白豆出口，独余一律禁止而人无知之者，不相谅也。今敢立誓神前，曰：'倘有不顾民食者，神其殛之；如荷降鉴私衷，祈神立沛甘霖，以昭显应祷。'"毕返署时，方正午，炎熇如故，乃越一时许，大雨骤降，自申至酉，农田沾足。时戊戌六月初六也，仰见吾神聪明正直，视听不爽。去官之日，敬上匾额曰"鉴观有赫"，以答神贶，而志其感应始末如此。

是月，又奉督宪及译署电，以日本驻京公使请运米十万石于东洋，又俄使请运米五万石、钱五万串于海参崴，均经译署允准，命即驰禁放行。钧当发电拒阻，嗣接译署复电，以"日使请运米十万石，经本衙门允准，今据电称碍难遵命，即使不能如数，或数万石似应通融。当此时事多艰，倘该道固执，因此细故致生外交，试问该道能否肩此重咎"。幕友皆劝钧不可再拒。钧曰："果遵照办，各国势必效尤，宁去官，此事亦不甘迁就。"随复电，以钧禁米出洋，为民请命，如责钧固执，情愿让贤。

此电既覆,遂往访日本领事,对小田切君曰:"贵公使请运米十万石,虽经译署允准,本道碍难遵行,何则?日前俄国领事亦请运米五万石、钱五万串,本道已力拒之。盖俄与贵国及中国均系仇敌,若准贵国载运,俄国亦必有所借词,贵国又岂可开此端,使俄人得计耶?请将此情形电达贵公使,以此事作罢论,勿再向译署哓舌为是。"

小田曰:"既如此,自当电达可也。"

嗣因贩米出洋之谣,竟至中外哗然,京师传闻弹章叠上,计参钧者十数次,交督抚查办。本省德中丞、刘宫保分委数员,各处严密遍查,并无其事。故刘宫保复奏加片,以"日使请运米十万石,俄使请运米五万石,经总理各国事务衙门允准,该道力拒不肯迁就,岂有该道自己尚贩运米出洋之理?臣保其必无"等语,亦足见有水落石出之日也。

是月又与雷税司论及查疫一事,此事风闻医生每遇自粤进口轮船,稽查甚劣。无论男女,稍有晕浪,并非疫症者亦必扣留,住口外官轮三二日不等,以致无病者病。外间物议沸腾,钧屡为雷税司力阻。

雷税司曰:"查疫一事,各国皆有。倘贵国不办,为工部局所必办。此事行已多年,贵道何能禁止?"

钧曰:"如照外国例应行,亦须改章。或分真有病、无病,凡女客必得女医验病,或加派中医生,不能专信西医。加以动辄扣留住吴淞官轮,若值夏令,热气薰闷,即有三分之病,必致加增。本道闻有因此毙命者,或因惊恐增病者,已有数人。此等虐政,非本道所愿闻也。"

雷税司曰:"贵道如欲改章,肯费数千金,当可改良。"

钧曰:"只求便民,虽万金,亦所弗惜。"

雷曰:"贵道既不惜费,可于吴淞崇保沙建造医院一所。自后凡有疫症者,留住医院,似较住船远胜。"

钧曰:"本道深愿捐廉,成此善举。"

雷曰:"容日请贵道派员,会同医生勘定地址,绘图估价,请款建造可也。但此事以前税司久有建造医院之心,商之关道,多有膜视。今得贵道肯捐廉建造,本税司愿竭力从事。"

钧曰:"施医舍药,确系本道素来嗜好。伏思光绪纪元,听鼓粤东,彼时境况非丰,借贷倡一医院于南关大巷口,名曰寿世堂,迄今念有四年矣。彼时粤省西关有爱育善堂,倡建者商家三十二人为董事,自建此善堂之后,始有本道所倡立之寿世堂。闻爱育善堂董事三十二家,自立善堂之后,各家子弟非科即甲。尤可异者,同治十二年八月十三日下午,省河白鹅潭发蛟,是日西关住户倒塌者数千家,毙者不下二万人。惟爱育善堂董事之家,前后左右虽有倒塌,董事之家巍然独存。是日本道乘舆西关拜客,稍迟数步亦被倒房相压,足见善举果报,如影随形。本道遇水火等险事,亦已数次,均化险为夷,足见心存忠正,遇难成祥也。此次请贵税司建此医院,本道固不惜费。务望照本道前言,验女客必得女医士,并添华医,事事改良尽善,则贵税司之功德无量矣。"言毕遂辞去。

计此医院钧捐廉八千余金,造成后钧已交卸,嗣后能否照钧所定章程办理,未敢必也。

婉辞法总领事荐用法人为中国捕头

二十四年,春初,钧任事后,巡察十六铺。江边马路虽经刘康侯观察修理平坦,当派员管理马路巡察,究远不若租界之齐整严肃,相形之下,似觉有失观瞻,拟聘熟悉巡警之人,办理警察。法领事白君知之,力荐法巡捕房之副捕头为总巡,钧婉辞之。因十六铺与法界相连,若聘法人,必有后患。嗣商诸日本总领事小田切君,函请日外交部代为仿(访)聘,试办一年。经小田切君聘定神尾君,月送薪水一百五十元。

讵为白领事知之,特来拜访,白曰:"闻贵道十六铺开办巡警一事,已聘日人,似与我面上难堪。因本总领事前两次荐人,均未蒙录用。既与我法界相连,用日人岂不有心与我作对耶?"

钧曰:"用人行政,本地方官自有之权,贵总领事何得干预?"

白曰:"并非干预,实因有关体面。"

钧曰:"贵领事前所荐之人,曾访明声名甚劣,何能强我任使?"

白曰:"本领事再访声名素优者,贵道能推情否?"

钧曰:"今既聘定日人,万难改聘。"

白闻钧意既坚,复又曰:"尔我既如此交好,可否将日人调办别处,十六铺另请他国人?果用日人,实使我难以为情。"

钧见白领事如此情急,因语白曰:"既如此,本道再酌可也。"

嗣以日本总巡神尾君调办新马路,十六铺则访聘香港帮巡王经年办理。王本昆山县人,已改洋装,曾在香港办理巡警念余年。聘定之后,并雇印捕五名,沿岸另设电灯,修理马路,于是竟可与租界抗衡矣。自办警察以来,流氓匪类均已逐去,十六铺一带窃案日鲜。即日总巡办理新马路,亦能勤慎将事,足见巡警之功效如此。钧本拟城厢内外均开办巡警,因筹经费未就,未克遽行。白总领事见钧所用王捕头,既系华人,无所借口。西报时相揄扬此事,谓钧办理巡警以开中国风气,若内地各城市皆能仿而行之,中西均可享升平之福云。

译录光绪二十四年闰三月初十日《字林报》论修筑马路事

二十三日,工部局董事集议,有新靶场一事,颇关紧要。据云工部局现闻道台议修吴淞旧铁道之马路,自租界以至新铁路,复由该处筑一马路以达新靶场,克期开办等语。今而知蔡公崇尚西法,极意振兴,修路又其一端矣。盖公之效西法将以施诸实政,不仅宴宾客、集舞会、屏弃仪从、易轿乘车,徒饰外观而已也。公所作为,固已超迈前任,将来莺迁,益令后人难乎为继。观于十六铺浦滩新马路工程之坚致,则公之办事勇往,已可概见。兹有修路之举,不益令人钦羡哉!

曩者吾人本欲请华官扩充租界,继而渐作罢论。其作罢之故,恐因驻京各公使麻木不仁,有以致之也。然以麻木责各公使,或似不情,缘彼各有国家大事商议,无暇计及细事,是则吾人诚不幸矣。彼大事虽关紧要,而切于吾人生命者,则此等小事为多。譬如旅顺口,日后准我兵船进出与否,皆与吾人在此安居苦乐无甚干涉。若上海郊外之地是否归我经管,捕务、沟渠是否任我整顿,马路是否由我兴筑,泥泞仄径是不准我废弃,类如此者,实与吾人大有关系。迩年上海市面日增繁盛,而地狭人稠,如人四肢加长而短衣不称,故有扩充租界之请。既而所请未遂,吾人不无觖望。今则幸有公焉,不拘执于成格,较前任之鄙视马路,不肯兴修,诿以经费无出,民俗不宜者,奚啻霄壤。

公之修十六铺新马路也,工既坚良,费亦浩巨。今公将于虹口兴一路矣,如复由张华浜添筑一路,以接吴淞,行见大道,荡平中外,蒙福口碑,永歌德政。继是以往,或将阿里华庄接连者士飞之路复为开通,尤称美善。查此地之地,前经购妥,将谋兴作,嗣为两江总督某公所阻,遂尔中止。公之所莅,政声卓然,无不以勤明坚定著称。惟盼公长用此才,福我众庶,而中外之能享其福者,无过于整顿马路,又何必扩充租界哉? 行见步者、骑者、乘轮者、御车者,莫不咸颂公之德,立公之碑也。

记德国亨利亲王过沪以欧洲各国款待藩王世子例不用黄轿疆臣亦不出境远迎

戊戌二月初间,督抚宪接译署电咨,以德国亨利亲王游历中国闽、广、江、汉等省,刻将赴粤。德使业已知照,自应飞咨各省,预备迎接。今驻广州德领事必得备办黄轿,虽经地方官婉商,未允,必须照行,并要疆吏远迎。如亨利亲王由粤来苏,督抚应至吴淞口外迎接,并应穿蟒袍、补褂等因。督抚两宪颇为踌躇,刘岘帅因病已电译署毋庸远接外,抚宪奎乐帅必得先日到沪,叠接乐帅函商,嘱设法婉商驻沪德领事,免乘黄轿等事。钧复禀曰:"硬索乘黄轿,既违制且诒人听闻。奈广东已开此端,婉商亦恐无济。钧只可以反面之词,与德总领事面商,或可就范。"

于是二月望六日,未正,拜会德总领事施君。寒暄毕,钧曰:"闻亨利亲王已抵粤东,何日约可莅沪?"

施曰:"亨利亲王在粤小住数日,即到香港,俟接由香港动身之电,当即知照。"

钧曰:"费心。务必早日知照,以便预为布置周妥。但闻亨利亲王莅粤,贵驻粤领事必得地方官备办黄轿,以致地方士庶哗然,均谓亨利亲王越分,与亲王盛名大有关碍。今粤东如此,本道不愿亨利亲王莅沪又损声名。"

施曰:"照例,贵国亲王应乘黄轿。"

钧曰:"本国亲王向未闻有乘黄轿之例。我今举一亲王,为各国亲王中之最尊者。"

施曰:"何王?"

钧曰:"醇贤亲王。试问贤亲王乃当今皇上本生父,前数年我皇太后赏乘杏黄轿,贤王尚且力请收回成命,而况其他?盖京中亲王所乘,皆绿呢大轿,不过黄绊耳,即如惇亲王尚乘蓝呢轿。尔们听我中国无知之人所言,事多误会。今贵驻粤领事欲见好于贵亲王,格外从优,不足为怪。不过此等事反累尔亲王有损名望,殊无谓也。我今与贵总领事如此交情,故不愿贵总领事因此致增浮议,更不愿贵亲王到此又损盛名。"

施曰:"既如此,本总领事深信贵道推诚相告。既无此例,此间毋庸备办黄轿。"

钧曰:"足见贵总领事见信,感佩之至。特恐亲王到此未乘黄轿,岂不见怪?"

施曰:"应请放心,我立即将贵道所言,转达亨利亲王,断不见怪。"

钧曰:"既如此,感甚。但此间欲办华丽之车,日期太速,颇不易办。"

施曰:"马车本领事预备,毋庸费心。"

钧曰:"又承代备,好极。但尚有一事,仍不能不为贵总领事言及者。闻贵亲王到此,必得督抚宪及地方官穿蟒袍、补褂,至吴淞口外迎接,此又系中国向无之例,似又强人所难。"

施曰:"闻贵国亲王到此,督抚应以此种礼服远迎。"

钧曰:"不然,照我国例,亲王到境,命府、县远迎。如在南京或汉口,督抚应到接官厅恭请圣安后,行接见礼。但我国官员穿蟒袍、补褂,有一定日期,如元旦、万寿之期,始穿蟒袍、补褂,平日陛见则常服,逢五、十之日,始穿补褂,亦不服蟒袍。今在上海,既无官厅,督抚到码头迎迓,则至恭敬也。"

施曰:"既如此,以前所定出吴淞迎接一层,亦作罢论。即照贵道所议,到码头迎接可也,此节亦当禀告亲王。"

钧曰:"足见贵总领事虚心纳言。果得如此办理,则贵亲王莅沪,定可挽回盛名,本道亦甚畅快。"

施曰:"承贵道关切,甚为可感。今非贵道透澈言明,本领事亦不知广东有此浮议。本总领事深感贵道推爱之情,将来我亲王到此,闻知亦可感也。"时已申正,握手辞别回署。

三月念七日,亨利亲王莅沪,遂穿补褂随同奎乐帅赴英租界码头,迎接亨利亲王。毕,随即同赴德领事署谒见,寒暄数语遂退。

念八日,亨利亲王回拜。留请午餐,谈中外近事。

四月朔日,请茶会,男女到者六百余人。亨利亲王异常欢喜,盖茶会、跳舞为欧美最重。钧上年九月履任,十月初十日适逢皇太后万寿,是晚邀请茶会。各国西人到者男女千人,虽香港、汉口西商亦来赴会。盖西人好奇,因中国始创茶会,故皆以赴会为荣。当初拟请茶会时,担文律师为钧曰:"闻贵道请茶会,开中国风气,我西人闻知非常欣喜。"是晚,工部局董事为钧曰:"贵道开此风气,且布置华丽周密,即欧美最讲究之大茶会,亦不过如是。请此茶会,尤胜中国连捷胜仗,使各国人见之,亦知中国尚有人在也。"

是日，又接施总领事来函，以亨利亲王允沈道台之请，看吴淞防营操练及野操，奎中丞能否同往参观，希代知照。钧得此信转陈，乐帅颇苦之，为钧曰："有何善法可拒之？"钧曰："可以设法。"当即自拟一函，致复施总领事云：昨奉来函，以沈道台邀请看吴淞操练并野操。当即饬知宝山县，出示晓谕乡民，倘有损伤田苗，优加赔偿，以安民心。今午据宝山县面禀，昨吴淞乡间即有谣传，德亲王来淞看野操，以致乡民颇有鼓噪之势。因乡间正下秧之时，倘若野操，必然伤损。昨晚得接宪谕，倘有伤损田苗，优加赔偿之谕，乡民亦尚安静。至贵亲王准定何日何时前往，请即示复云云。

施总领事接信后来拜，寒暄毕，曰："接贵道复函，当即转呈我亨利亲王一阅。亲王云既与田苗有碍，乡人有不愿情形，亲王之意似颇不忍，故作罢论。"

钧曰："是见贵亲王体恤我民，令人钦佩。"

施曰："我亲王欲不惊动地方官，私自前往吴淞，因彼处皆德教习，欲窥视该教习教练如何耳。"

钧曰："此尤见贵亲王虚怀若谷，关切吾军教育，真真令人敬服。此次在沪商民赞颂贵亲王谦和好友，并以广东讹传为非。"

施曰："此皆承贵道事事关切，推诚相告。我亲王亦甚感贵道之情，并谓所到各处，以上海道台接待最为优渥。"

钧曰："贵亲王到此，诸多简慢，心殊不安，过承优奖，尤觉抱惭。"

施曰："非我亲王奖誉贵道，此次接待，悉照欧美款接亲王至优之礼，事事合法，自然使我亲王钦感也。今亲王既私赴吴淞，则奎抚台及贵道均毋庸同往，请代达奎抚台可耳。"

钧曰："若不追陪贵亲王，心殊不安。"

施曰："我亲王既系私往,若劳动地方官,心便不安,请贵道万勿客气。"

钧曰："既如此,当转禀奎抚台。"

施曰："费心。时已晚,且亨利亲王有德商之约,告辞。"遂去。

钧随即转陈,乐帅喜甚曰："尔真善于转圜也,此事万不想到竟能就范。"

钧曰："往往外交之事,全在临机应变,见景生情。即如黄轿及穿蟒袍等事,非以反面或傍敲侧击之法不可。钧从事外交念余年,遇重大之事,以数言遂释者,指不胜屈。"

乐帅曰："此可谓熟能生巧,亦尔之透熟西人性情,加以心思灵敏,始能迎刃而解。前在福建窥尔所办数事,无人不加赞赏。即如尔办平潭英商轮船触礁索赔一事,当日了结,分文不赔。以致石帅赞尔办理外交,神乎其神,使人梦想不到之事,竟能数语即能了。无怪石帅及曾忠襄保尔,遇事不激不随,所至之地与洋人辨(辩)论,立言得体,实能消患未萌,诚不虚也。"

钧曰："回忆庚寅卞颂帅为钧曰:'何以洋人见尔办事,便可就范?幕友潘君屡云,在督署兼办洋务文案念八年,自公到闽以后,省费笔墨甚多,交涉之事亦日减少。公究有何善法,能使西人如此见信?'钧曰:'并无他法,仍不出孔圣人垂训,"忠信笃敬,厚往薄(薄)来"八字之法而已。以前交涉日多者,"隔膜"二字害之,闲时少与之交往耳。且往往小事交涉,多半由领事署中之文案或翻译播弄而成。即如驻福州英领事署之吴长班,家资十数万,外间传闻包揽嗣(词)讼,无所不为。钧戊子年二次赴闽,值端节之前,英领事长班持手版请索赏钱。通商局张委员云:"向例本局督、会办,以及一府两县皆有赏钱,约在十数元而已。"钧曰:"吾办外交念余年,向不惜费,不过此种赏钱,出之无名。若使外人知之,徒增轻视。且窥该长班之气焰逼人,尤为可恨,吾不但不与,且须与领事言之。"遂告该长班将手版留此,改日再说。次日拜会英领事费理斯,寒暄毕,钧曰:"本道与贵领事交往数月,可谓情投意合,至好之友矣。"费曰:"诚然。"钧曰:"尔我既属至交,譬如我所用之文案或长班家人,外间有招摇等事,贵领事知之应相告乎?"费曰:"自应密告。"钧曰:"若贵领事署中之人,亦有此弊,我倘秘而不告,必非交友推诚之道。"费曰:"贵道所言诚是。"钧曰:"去冬本道到闽,闻贵领事署有长班吴某,外间颇招物议。本道想系谣传,且彼时交浅,未便直告。乃此次来闽,浮议更甚,吾尤未敢深信。昨该长班竟到通商局,索取节赏。然本道与贵领事如此交情,尔之长班即如我之长班。不但十数元,果是急需正用,即百十元亦可应之,但该长班昨日竟以手版到局强索。在本道处尚敢如此行为,足见以前之谣传包揽词讼,招摇索诈之事,似不能免。若不据实相告,问心何以对贵领事?"费曰:"承贵道直言相告,甚感。但该长班在本署二十八年,看其人尚精明勤慎,万不想到有此等之事。"钧曰:"凡用人,往往不可靠者必是精明一流,若诚实则断断不敢妄为。不过此等事有碍贵领事声名,故不能不告耳。可请贵领事唤该长班来此一问,手版在此。"于是费领事即唤吴长班前来,痛加申饬,立即开除。自后,不但英领事署中人,即他国领事署中人役,亦恐钧泄若辈之事,外间自不敢包揽招摇矣。此亦平素联络,彼此见信,始能如此耳。且不但各省因隔膜致生枝节,即如各处领事或驻京使臣,往往任性妄为,皆以为我无如之何。其实我国驻彼国使臣,若能与彼国政府联络亲密,遇有彼国驻我国公使、领事等任性不守规约等事,便可随时电知我国驻彼国公使。若我公使与彼国要津交好,便可将原电出示其要津。彼要津平日既有交情,无不见信,亦必申饬,甚至撤换亦可办到。彼国驻我国公使,知我驻彼国公使既有交情,自然不敢妄为。如甲申,钧自欧洲归来,予役都门。闻有驻京代理日斯巴尼亚公使吴礼巴,及德国代理公使巴兰德,每到译署商办交涉,常有无理取闹之事。钧于乙酉奉懿旨交总理各国事务衙门差遣委用,自后吴礼巴每遇商办要公,异常平和。译署中人皆异之,不知其何以性情顿改。此缘日国王公、爵绅,时相致信与钧,均由吴礼巴转送,钧每回信,亦由吴礼巴转寄。因此吴礼巴常对钧曰:"我与贵国当道均交好,如有函复敝国当道,请善为我词,则感激吹嘘之德也。"吴礼巴既有所托,知钧与其国之王公、爵绅交好者多,不免稍存畏惧,故尔情性顿改,可不言而喻也。'颂帅曰:'尔所论诚切当,但愿公能早作使星,与国家必得邦交之实益。'钧曰:'奈何此时风气尚未大开,仍守人臣无外交之说,可谓误尽苍生。钧驻西班牙两年余,与彼国王公、爵绅、士大夫交往甚笃,以此见信于人。嗣因疾乞假回国,彼国驻京公使萨恩铎,曾照会我译署,以钧才高德厚,驻彼国两年,自政府以至庶人无不敬慕。闻其因病回国,我国政府、爵绅常来信问好,但得其病早痊,仍回敝国办事,可敦中日两国永远和好之利。钧因此照会颇见疑于当轴,并谓钧如此好交外人,似宜防之,殊可笑也。试问既办外交,平日不与联情,遇事彼此未必见信。譬如我国平素毫无交情,商办一事,必得多费唇舌,若有交谊,勉强亦可推情,同一理也。钧办外交念余年,往往与西人酬应,虽费用三五百金,遇事竟可省三五万金,屡见功效。所以办外交不疏财、无胆识,万难称职也。盖钧与西人交往最久,知西人之居心,尚有三代以前之风。如欲学吾华人,斗心思程度,尚早在千年后也。惜吾国办外交者,不识西人性情,动辄恶之。钧窃不解,其实宁愿驾驭西人易,若驾驭华人反难也。'"

记力拒法人要索四明公所冢地功败垂成致扩充公共租界事

四月初八日,拜会法总领事白藻泰。寒暄毕,钧曰:"日前接贵领事照会,必得勒令四明义冢克日迁移,言词急切。此照会本未便接受,第思尔我交好,似不可因此致生芥蒂。故亦未便照复,致伤和气。今日特来面谈,以存睦谊。"

白曰:"此事贵道之意究竟如何? 务望从速照复。"

钧曰:"贵领事可谓壹相情愿,如此重大之事,何能强人所难? 况此事同治十二年沈升任因贵前葛领事用强硬手段,以致激成众怒,贵领事署几至焚毁,致伤甬人七命。彼时甬人工商寓沪者,不过四十万,尚且如此。今甬人倍增,果必仍前冒昧从事,祸患必胜于前,本道恐无此力量弹压。然前车之鉴,可一而不可再也。"

白曰:"无妨,我有兵力可以制服。"

钧曰:"贵国兵力虽强,似不能因此四明义冢之事,致启衅端。况为领事者,只能保商,恐无调兵之权。"

白曰:"此事我政府均知,我可禀明政府照办。"

钧笑曰:"贵政府似亦不能如贵领事之冒昧从事也。然而贵领事定要四明公所迁移,究系何意? 况此案同治十二年沈升任已与贵前葛领事议结,订明自后不迁,事隔二十余年,已结之案何能无故复翻?"

白曰:"我不管以前是否已结,我只管目前。"

钧曰:"以前已经定结之案,不能作算。似此说来,则以前已定之条约,岂亦可以作废乎?"

白曰:"条约与此不同。"

钧曰:"虽有不同,其实一耳。"

白曰:"究竟贵道能否勒令克日迁移?"

钧曰:"凡犯众怒之事,不但本道断做不到,即南洋大臣亦无此力量。如贵总领事定欲用强横手段,则本道情愿去官,亦不能遵命。"

白曰:"既如此,莫怪我无朋友之情。"

钧曰:"办公事,无所谓朋友情。无理取闹之事,万难迁就,天时既暮,容日再谈。"于是握辞回署。

初十日,白总领事来拜。寒暄毕,白曰:"前与贵道所谈四明义冢一事,贵道究竟能否照办?"

钧曰:"万难照办。"

白曰:"本领事兹限四十八点钟,如无回音,当以我法办理。"

钧曰:"贵国虽强,万不能因此小事,遽下哀敌美敦书。贵总领事以此恫喝,足为识者所笑耳。"

白曰:"不然,我有我之道理。"

钧曰:"强人所难,道理何在?贵总领事定要强行,究是何意?"

白曰:"该义冢与我租界相连,秽气既盛,左近住户均不相宜,且与卫生一道尤有妨碍。"

钧曰:"四明义冢与租界相连,便云有碍卫生。试问租界相连之地,外国坟地亦有之,何独无碍?"

白曰:"虽有外国坟地,然非适居要冲。"

钧曰:"试问上海大、二、三、四马路,何莫非洋场最繁盛热闹之地？何以三马路外国义冢在人烟稠密之中，乃竟不嫌秽气？岂外国人与中国人有别乎？"

白良久答曰："我不管，此乃英租界事，与法界无干。"

钧曰："然则英人岂不能如贵国人之讲求卫生乎？"

白曰："我真说不过尔。总之，此事倘不能照本领事办法，恐因小失大，后悔无及。"

钧曰："宁愿后悔，不甘迁就。若与我商民确有妨碍之事，不但去官，宁死不从。"

白曰："贵道既如此，改日再谈。"握手辞别而去。

五月十八日，拜法总领事。寒暄毕，钧曰："贵总领事昨又函催四明义冢一事。若如贵总领事所议，万办不到。我今拟劝宁董另觅一地相送，且自后不再停棺安葬，本道情愿捐廉俸五千两，作建医院等费。似此仁至义尽，贵总领事再不见谅，本道惟有听之而已。"

白曰："虽承贵道劝宁董觅地相送，又捐廉俸，无如我工部局董未必愿意。贵道一番好意，只有心领而已。"

钧曰："今午有英商约午餐，未能多谈。"握手告辞赴约。

嗣又连日晤商，数次辩论，略同不赘。时有西人密告钧曰："法领事欲借四明义冢之事，以生衅端，虽辩论亦无济也。"

五月廿七日，申正，忽接法领事函，谓"明朝准五点钟，派兵拆四明义冢围墙。如南市有事，归道台弹压；租界有事，归伊领事保护"等语。似此不候磋商，有意构衅，实出情理之外。是日适感冒肚泻，当即请上海县黄大令及总巡委员朱大令来署，命两大令前往商请法领事从缓三二天。时已二鼓，黄、朱两大令回署，以白领事不允，势在必行。

钧为黄、朱两大令曰："我知法领事有意寻衅,不过欲借四明义冢之题发挥。两公去后,我已请龙营官及各哨官择其精明善于词令者,今晚准三点钟布置各要隘路口,不使匪人借此生端。只求不至焚毁法人房屋,及伤法人性命,彼虽借题发挥,当亦无隙可乘。两公今晚只可偏劳前往,四点钟我亦必出城弹压也。"并请黄大令先回署,拣选干役预为布置。

黄大令去后,遂为朱大令曰:"公系甬人,且在沪居数十年。同治年间,四明公所闹事时,想必躬逢其事。然此一时彼一时,此次法人明知此事难行,而仍悍然为之者,非专为义冢,欲借此生端,所望甚奢也。公为甬帮董事,务当晓谕甬人,勿得中其诡计。若因忿激所致,或伤法人财产性命,必生国际外交莫大之祸,其可不慎之又慎哉!"

朱大令曰:"必当竭力开导,不过恐众忿难平,激成罢市,或不免耳。"

钧曰:"罢市本非地方官所乐闻,然因此事罢市,地方官势难力阻。当国势如此之弱,若果民心坚固,结成团体,使外人亦知国可恫喝,官可挟制,而民不可欺,想各国自有公论,断不容白领事横行。且借此可使外人知我民心之坚,不但此案易了,并可杜将来之要挟也。"

朱大令曰:"宪谕诚然,即当赶速出城,帮同弹压。"遂去。

念八日,东方甫白,力疾乘骑出城。甫至东门,探报法兵已架炮三尊,分守路口,我兵均守租界外各隘。钧赶到时,正拆义冢围墙三面。幸黄大令不避艰险,布置周密,匪人不敢妄动,甬人亦尚知守我法度。且经黄大令暨员弁再四善为开导,幸未闹出事端。下午甬人传单已出,准于念九罢市。是日有甬人数千,集于四明公所,经钧出示晓谕,八面弹压开导,舌敝唇焦,并函知白总领事,次日念九乃礼拜日,闲人既多,尤易生事。随即布置一切,是晚一夕不寐。天明出城巡察,甬人十数万又集于四明公所义冢等处。是日下午,有匪人以砖击法巡捕房,法兵初驾水龙,以水冲激使散。讵料甬人愈众,有好事者群起毁法巡捕房。法人初放空枪,未退,遂以子药放之,致毙十余人。时有行路数人,被飞子殃及,尤为冤极。下午二点钟,白领事闻传单罢市,来函请开导甬人,情愿从缓商办。四点钟,白总领事太太又遣何翻译来,言及无论如何,请开导甬人,切莫罢市,可以通融办理,所调兵船之兵二百名,明日当即撤回吴淞。钧曰:"既如此,明日定议。"

是晚,钧弹压至法领事署。白曰:"何以甬人作此罢市之举?"

钧曰:"地方罢市为地方官之羞,非我所愿,奈贵领事不听吾之良言,以致如此。然甬人亦万难堪此威迫,不得已而为之。"

白曰:"请贵道设法开导,万勿罢市,我情愿从缓通融办理。"

钧曰:"贵总领事早知如此,听我之言,不致累我两昼夜,目不交睫,寝馈不安。今日既闹出人命,我身任地方官,不能保护己民,冤枉枪毙,我已羞愧无地,复有何面见甬人开导乎?恐甬人亦未必遵我开导也。"

白曰:"我既已情愿从缓通融办理,甬人亦当体谅贵道苦心,必能听贵道开导也。"

钧曰:"既如此,请明早将贵总领事情愿撤兵、通融从缓办理等情,照会本道,俾作开导张本。"

白曰:"遵命。午后定可送来,早恐赶不及。"谈至亥正,复往各处巡察。

行至英总会,遇西友濮君曰:"今日我西人车夫、厨役均已告假,既无食又无车,诸多不便。今闻各领事商议,明午后两点半钟齐集赴白藻泰处,不准再索四明冢地寸土。既如此,明日事可了矣,然事既可了,便可立即开市。"

钧曰:"诚然。此实白领事任性,所谓逼虎跳墙也。"

是晚三鼓后回署,忽接督宪来电,以接某道电称四明义冢一事,必致玉石俱焚,殊堪诧异,当即电委该道及苏藩司会同办理。钧阅电之下,惶悚万分,以此事忽然添委大员,法领事必致松劲,诸多窒碍。故又一夕不能入寐,天明静候某观察来,以便面商一切。讵某观察是晚接督宪电谕,三十早往拜德国施总领事,为施曰:"今奉督宪电委,会同聂藩台办理四明公所一事。我今有一良策,如能扩充租界,各领事可力止白领事不索四明义冢否?"

施曰:"如此甚好。"

于是各领事皆知因义冢事,竟能得扩充租界便益。本拟是日两点半钟约同往阻白领事不准强索寸土之议,忽作罢论。然某观察奉电后,若使访钧密告,彼此确商转圜之法,钧必将此中密筹要机面告一切。讵竟并未一至,将国家所有土地,擅做人情。且正在得手之际,事机一松,不特各领事如愿以偿,西人得步进步,既得拓界利益,即使四明冢地罢论,仍属后患无穷。盖凡拓界内,各帮义冢、义庄,将来无不可借端挑衅再拓也。足见任事之难,不禁浩叹者再。

六月初一日,拜会白领事。寒暄毕,钧曰:"贵领事前日允昨下午照会本道,情愿从缓通融办理,将调来二百兵饬令回吴淞兵船。候至晚间,未见来文,殊不可解。"

白曰:"本来不愿爽约,因昨日陈季同云某道台嘱其转致,今奉督宪委其调停,并许扩充租界,可以通融办理,各领事亦深以为然。

因此未便照会,诸希谅之。今既能许我扩充法界,则十六铺、董家渡以及浦东,西至徐家汇、斜桥均应在扩界之中。俟聂藩台来此,再为面议。"

钧曰:"本道未奉扩充租界宪谕,未便赞词。惟贵领事以十六铺、董家渡以及浦东亦在扩界之列,未免思望太奢。试问浦东已隔黄浦江,万无扩充过江之理,即十六铺及董家渡,亦万万不能答应。"

白曰:"何以不能答应?"

钧曰:"今城内出小东门及西门、北门皆已属之租界,所剩者大东门、南门耳。果要扩充至十六铺、董家渡,则四门之外均属租界,岂不竟成孤城?无论如何,万难允许。即使总署王大臣轻诺,此间绅民亦必鼓噪,万万不能从命。本道在此,更不能擅允此等又必激成民怒之事,所谓将在外,君命有所不受也,望贵领事万勿又多此一举。四明义冢事激怒甬人,今尚骑虎难下,望贵领事幸勿再激怒本土人,否则一波未平一波又起。我向来耿直,既知之,无不直告。贵领事以前不听我言,致有此次哄闹,伤毙我民十余命。即使事能了结,亦伤天地之和,并流千载骂名。凡人生于斯世,宜多积德,若任情办事,徒邀政府之欢,虽得高爵厚禄,亦不过如浮云耳。本身纵不得现报,必留子孙无穷后累,殊可不必。"

白曰:"贵道所言甚是,我亦甚为佩服。俟将来晤聂藩台再议,我此刻未便明言,日后必知我能晤会贵道之良意也。"时已酉初,握辞回署。

十五日,申正,英璧总领事来见。寒暄毕,曰:"昨承贵道相招,适值安息日,已先期约友作竟日游,不克应命,抱歉之至。故今早预传德律风定约,四响钟趋候,贵道有何要公见示,请道其详。"

钧曰:"无甚要公,缘迭奉南洋大臣函电,谓法领事白藻泰恃蛮要挟,不近人情。此次之事,无论如何恫喝,决意不肯迁就,只有严备以待。倘彼甘为戎首,当与一战,万难任彼强横。第以沿江商务,英、美两国居多,若启兵端,系由法人肇衅,命先告知贵领事等。"

璧曰:"法领事卤莽灭裂,各国皆不直其所为,且外强中干,断难持久。今南洋大臣识精力果,坚定弗摇,深令外人钦佩。苟中国当轴诸公,办理交涉事务,能如南洋大臣之镇定,则胶州一湾,不至失于德;旅、大两口,不至占于俄;即我英廷,亦断不敢索租威海。近年各国之要索,实当道有以致之。今南洋大臣如此办理。销患无形,沿江数省商民,蒙福不浅矣。"

钧曰:"南洋大臣素重邦交,倘非白领事任意妄为,亦不拂其所请。"

璧曰:"诚然。但贵道主意究竟欲何措置?"

钧曰:"此事原无须本道措置,但以白藻泰无理取闹,若真启衅,则事由沪起,于心终觉不安耳。"

璧曰:"事虽沪起,然贵道办理不差,且先赔恤,后议别事,分作两起,办理最为得体,我西人皆以为然。乃白藻泰全不讲理,无怪贵道难与调停。惟白办理此事,即彼国外部及各国皆斥其非。彼亦知公论难逃,尚复恃势欺凌者,实欲失此得彼,以为抵过之地。然断不敢遽然发衅,贵道可请放心。"

钧曰:"法人伎俩,本道深知,以为中国积弱,断不敢与彼抗衡,曾亦思虎逼逃墙,势有不得不尔。况彼兵轮泊宁数日,沿江会匪造谣生事,均在可虑之中。本道私意能请贵领事协同设法解散,不胜感激。"

璧曰:"与君子交厚,休戚相关,何忍旁观袖手!俟返署后,立电水师提督,即调兵轮赴宁,以观动静。并电驻京公使,请向法使遏止勿听白藻泰浮言,任其在南京滋事,谅法使亦莫予违也。"

钧曰:"辱承厚谊,永感不忘。"

璧曰:"我所虑者,总署王大臣恐不如南洋大臣坚定。我公使力向法使遏阻,而总署反向法使顺从,则不特于事无裨,公使且疑我多事。务请贵道即电南洋大臣并总署,始终坚持,勿为所动为要。"

钧曰:"贵领事可勿虑此事,我总署定必极力抗持。"

璧曰:"果能内外力拒,甚快。但贵国当轴往往遇事畏葸,所谓愈怕事愈多事,徒被各国轻视而已。即如贵道前拒俄、法、日三国运米、运钱之事,及斥瑙威拍领事包收残帐等案,识精力定,我西人均谓办理得宜。无奈华人只顾私利,颠倒是非,禁米出口一事,反兴谣诼,未免令人不平。"

钧曰:"贵领事所言甚是。然为民上者,但求问心无愧,毁誉听之自然而已。目下扩充租界一事,本道甚费踌躇,闻日本亦有索租界之举。"

璧曰:"岂但日本,风闻德国亦然。"

钧曰:"既如此,本道有一办法,趁今扩充租界订立约章,嗣后不分英、美、法,均作为各国公共之租界,未悉贵领事与美领事能否愿意?"

璧曰:"本领事毫无成见。属在交好,敢布衷言,如贵道拟此办法,当必协力相助。"

钧曰:"既承爱助,可否即商之美领事,由英美两国已有租界者,先为之倡。"

璧曰："不能。此事必由总署王大臣，邀同各国公使会议方可。将来我国公使问及，我必鼎力助成。至美领事与贵道交深，谅无不允相助。"

钧曰："所虑者，法国必不愿意耳。"

璧曰："我英美租借地倍于法，尚且允从，法人断难抗议。果总署王大臣能照此办理，则各国驻京公使无租界者，当必群策群力，以助其成。"

钧曰："果能如此，实一美举。本道将此情形电禀南洋大臣，何如？"

璧曰："甚善，但不可稍露已商之语，作为贵道自出心裁可也。此等事非与贵道交笃，万万不肯通融。即调兵轮赴宁协助之举，切切密禀南洋大臣，万勿宣泄。我兵轮赴宁，仍作为游历，不动声色为妙。此次我与日本同调兵轮协助，欧美各国事例非最亲之国不肯为，即同盟者亦鲜此。惟与贵国暨贵道交好，不得不尔耳。前闻贵道论及此件，即拟立电水师提督驶舰赴宁，嗣闻贵道接南洋大臣电谕，恐宁民误会，因而缓期启行。"

钧曰："本道迭承垂爱，铭感五中，不知胡以图报。"

璧曰："既属交好，义不容辞，只须力所能为，无不竭助。惟贵道日前力拒公董局请留之举，各人耿耿于怀。本领事深知贵国风气，竭力代辞，并将贵道之意婉告各商董，谅此后不复集议矣。"

钧曰："贵领事爱人以德，成全本道名节，尤非寻常交好所同，感谢奚似。"

璧曰："公道自在人心，中西同一理耳。惟刻下白藻泰所索几款？"

钧曰："六款。明日抄录，命凤太守呈览，何如？"

璧曰："甚善。后日礼拜三,苏革兰跳舞会,贵道去否?"

钧曰："如此雅会,理当趋陪。本道明日不出城,拟礼拜三下午奉访。"

璧曰："届期恭候。"时已酉正二刻,告辞。

钧曰："礼拜三再晤。"握手言谢而去。

十一月二十三日,巳正,美古总领事来拜。寒暄毕,古曰："日前曾有照会扩充租界一事,贵道之意如何?"

钧曰："此事前曾与贵总领事谈及,只可作为各国公共租界,略为扩充。本道当可商办,且必得与法租界包括在内方合。"

古曰："法租界包括在内,万做不到,且法工部局断不愿意。至于作各国公共一层,除法租界不计外,尚可通融。"

钧曰："若照贵领事日前送来地图,扩充地方如此之广,万难照办。至于堄城桥以西至静安寺,我仍须请宪示,未敢擅允。靶子路以北,则在上海界外,乃系宝山县属地,无论如何万万不能允许。"

古曰："我与贵道交非恒泛,以前与贵道商办诸事,我知贵道可者必直言,不行者无论如何贵道始终坚拒。今贵道既云靶子路地属宝山县,我亦不十分勉强。我与贵道可先说私话,盖靶子路以北,我美商所购地皮不下数百亩,工部局急于扩充者,欲造马路至彼,地价必能日增。此层我可开导我国商人,明日再与英总领事会商,或可作罢。但贵道此时万勿宣泄,此乃尔我至好交情,用敢密告。"

钧曰："承贵总领事见爱,令人感佩。本道自当秘密不宣,惟一切仍望贵总领事设法相助为理。"

古曰："自然。但闻法总领事必得扩充至浦东、十六铺、董家渡、徐家汇,确否?"

钧曰:"虽有此议,日前已拒之至再,且浦东已隔黄浦江,万无扩充过江之理。即董家渡、十六铺果允扩充,上海岂不成一孤城?地方绅民亦必鼓噪。本道已将种种不能强行情形,面告白总领事。此时十六铺及董家渡已作罢论,至徐家汇及八仙桥以南,我亦仍未敢轻许,不能照法总领事所开地图办理也。本道现已开缺,虽承各领事公电挽留,有关本道名节,此时急求交卸。倘蒙宪恩速令李道台履新,使我名节稍可保全,以免扩充租界,由我所定,留此骂名,是为至幸。"

古曰:"各领事商量挽留,出自公道,何至有关名节?若使我外国人求此而不可多得,果贵道留为后任办理,恐我们各领事必加劲力;如能由贵道任上办结,诸多可以通融之事。为尔中国大局计之,亦大有益也。"

钧曰:"既任地方官,不能与地方增利益,已觉羞惭,反将土地失与外人,此心更有不忍。即使罢官,亦甘如饴,断不忍作此卖地皮之官也。"

古曰:"贵道办事爽快,令人钦敬,惟惜遇事未免思虑太远耳。"时已午正二刻,握手辞去。

记力拒各国扩充宝山县租界为人泄言事

二十五年己亥,正月十二日,谒见岘帅。寒暄毕,岘曰:"此次法领事要索,得尔力拒,已将十六铺、浦东邀免,殊出意外。但今英、美必得扩充至宝山县境,其意甚坚。据我看来,只可通融,国势如斯,不得已耳,尔又何必矜持太甚耶?"

钧曰:"租界扩充,总不能出通商口岸。宝山既非通商口岸,亦可扩充,则漫无底止。此端一开,将来即扩充至南汇、青浦,亦无不可。况西人得尺欲丈,势所必然,加以铁路车栈,即在要索扩充之中。若果允许扩充,将来车栈等事受制外人,诸多窒碍。此事较诸十六铺一般,不能不抵死力争也。"

岘曰:"但愿能就范围,固好不过。恐尔为难,况各领事待尔十分推重,似不宜因此致失各领事之欢。"

钧曰:"上年十月奉命开缺,为各领事公电挽留,实钧终身之辱。比来不但与大局有碍之事,固必力拒,间或并无大碍之事,钧亦不稍予通融。若略为迁就,则再任一年,恐亦不能脱难苦海也。此案但得老师坚持,钧必能设法使其就范。"

岘曰:"甚好,尔不畏难,要我坚持甚易。然办外交均能如尔之忠正,事事顾全大局,舍己从人,真不多觏,惜政府不讲究人才耳。今试问办外交能如尔者,尚有第二人耶?"

钧曰:"外交人才甚多。钧常谓办外交者,能长于四端,便无遗憾。第一胆识,第二疏财,第三方言,第四肆应,此八字皆行,庶几乎可办外交。然以使才如曾惠敏,可谓中国第一外交人才。其胆识、方言、肆应,亦皆首屈一指,惜欠疏财二字,尚有缺点。即使四件皆行,尚须先窥其心有中国无中国。往往见洋务人员,西例透熟,每一谈论,扬外抑中,几自忘其为中国人。此种人现在甚多,足见办外交人材之难。钧常留心物色,现时道员之中,钧所知者惟李道经方、黄道建筊、徐道寿朋、陈道善言,余不多见。"

岘曰:"尔所言确切至当,宜徐寿衡尚书保尔忠怀义胆,智虑渊沉,实为讲求洋务各员中,足谋多智、真心爱国之员,诚不谬也。"

念六日,未初,古领事函邀至领事署会商扩充租界事,在座者英、德两总领事毕、克两君。寒暄毕,古曰:"昨有友人自宁来,密告以南洋大臣已愿扩充至靶子路,惟贵道坚持不允,真想不到。"

钧曰:"既有人密告贵总领事刘制台有已允之说,可请贵总领事亲往南京向刘制台面商。"

古曰:"确闻是刘制台无可无不可,贵道正月赴宁谒见刘制台,所言一切我皆知之甚详,丝毫不错。"

钧曰:"本道见刘制台所言何如,既知如此确实,请详言之。"

古曰:"得自宁来之友所云:'刘制台对贵道言:"浦东、十六铺既能争拒不与,实已亏尔之力。今英美公共租界必得扩充至靶子路以北,何以坚拒如此?"贵道云:"靶子路地方已属宝山县,果亦轻许,则将来扩充至南汇亦可。若无限制,西人得步进步,倘再扩充,如何抵制?况今铁路车栈已近靶子路,若使扩充归租界,车栈岂不受制西人?且铁路将来必兴,彼处车栈乃总车栈,若归租界,诸多未便。总之,上海乃通商码头,无论如何扩充,万不能轻许扩过上海之界,果开此端,其后患不可胜言。此中关系较之十六铺、董家渡尤甚。此时只求上宪坚持,自可力拒罢议。"闻刘制台又言"要我坚持甚易,不过恐尔为难"云云。'大约此等语言,宁友断不敢捏造,且此友闻知确凿,特来密告于我,想贵道向来豪爽,万不致诳骗朋友。以前贵道以制台不允,我等以为实情,今据宁友所述,的而且确之言,非我等意料所及也。"

钧曰:"月初谒见制台,面陈靶子路以东地属宝山,一切之言,确系有之。至于刘制台可允许等语,未闻及。贵总领事既信宁友之言,请托宁友往作说客,似毋庸本道商议矣。"

英领事曰:"贵道身任地方官,自应向贵道商量。今刘制台既肯,贵道又何必固执?奉劝贵道仍以照允为是。"

古曰:"诚然不错。"

钧曰："非我固执，但我办外交二十余年，平日承各处领事见信，素来办事推诚。今古总领事既有宁友密告，已信宁友之言，则本道自此不能见信诸公。既不见信，商办无益，莫若请电刘制台催李道台履新，请与新任商办为是。"

古曰："不可不可。请贵道深思，勿拂众意，以全交谊。"

德领事曰："既蔡道台不愿商办，我们即公电刘制台，催李道台到任办理。"

钧曰："好极感极。本道宁罢职，不甘作卖地之官，请速发电可也。"

古、霍两领事曰："请贵道回去再为细思，今晚等候回音。倘贵道真不愿办此事，今晚并无回音，明早我等只可发电，此实委曲相从。以前人人皆以有许多件公事，总理衙门及南洋大臣已允，贵道多半从中作梗。初时我等不信，近日看来的确有之。"

钧曰："以前历任道台，少与各领事亲近，尚属事简。今本道与各领事如此要好，反增许多为难之事，不但贻笑以前历任关道，自后关道当视联络为畏途矣。"

古曰："不然，今因贵道交好，如工部局月前欲加地税等数事，势在必行，贵道想亦知之。皆由我等向工部局董曰：'蔡道台待我们官商如此之优，何必使他作难。'因此均停止不办。贵道不久必升官，俟贵道去后，尚有许多难事在后。贵道莫说联络无功，今日我等请贵道婉商者，即因交情所致也。不过此时贵国国势如此，贵道孤掌难鸣。彼此既有交情，间有总理衙门或南洋大臣不允之事，贵道应该转圜为是，岂可从中作梗？"

钧曰："所以我不能做官，且性情似与外国人相仿。譬如与我商民有害之事，虽君命亦所不受。既身任地方官，有碍商民之事，我亦遽然迁就轻诺,试问我尚有面目见商民乎? 亦犹尔外国不洽舆情之事,虽君主亦不能以势力压人也。"

古曰:"贵道所言诚是,务请今晚回信。"

钧曰:"务请发电刘制台,催新任来办。晤谈既久,尚有他处应酬,告辞。"

嗣探悉岘帅对钧所言各语,乃被某司马所泄。某司马系粤人,因受人之托,以能激怒各国领事与钧反对,许伊重酬。某司马本在督辕翻译,故能知之甚详。因此某司马特至上海,又托美国某教士转达古领事。此案若非出此阻力,已可就范,万不料某司马不顾大局,播弄是非,致使事败垂成,良可叹也。

庚子之变力请江督保全南洋事略

二十六年庚子,五月念六日,叠接督宪刘电谕催,即日回宁。遂于念九抵宁,随即谒见督宪。寒暄毕,岘帅曰:"我连日寝馈不安,目不交睫者三夜矣。尔曾知念五日之上谕乎?"

钧曰:"已阅电抄矣。"

岘帅曰:"如何得了! 我若遵旨,生民涂炭,试问能操胜算否乎? 若不遵旨,吾年已七十有二,岂甘作违旨叛臣乎? 今各国兵轮鱼贯而入江,如黄、李两军门及外间议论,均谓若不阻止,必步马江后尘。李鉴堂驻札江阴,亦必欲遵旨决裂,实使我进退维谷,因应綦难。今电请尔回宁,与尔决之,究竟如何办理,方为尽善。"

钧曰:"阻止兵轮,必致决裂,一旦决裂,则中土势成瓜分。此时北边无论闹至如何地步,南洋保全,国事尚有一线生机。倘南洋亦至决裂,则同归于尽,大局何堪设想! 今朝廷如此举动,即念五日之旨，真伪亦难立辨。即使确实，所谓将在外君命有所不受，亦宜相机而行。此时南洋如行船之定南针，分毫不宜偏执，'决裂'两字万万不可。此时即不遵旨，只求保全大局，日久自明。"

岘曰："尔论诚合我心，奈何兵轮源源而来。果如外间议论，若步马江之后，我何以对君父？即使拚去老命，亦枉然耳。"

钧曰："兵轮之入长江，为保商计，西人鉴于北方之受害，不能不如此。我能保护周密，无匪人仇教、毁教堂等事，西人决不干预，可请放心。"

岘曰："尔何有此把握？"

钧曰："西人重在通商谋利，决不愿以中国作战场。至通商，只有三处为西人商务最重者，一系长江，二则天津，三为广东。今北方贸易上海已停止矣，果长江启衅，则沿江哥老会匪必借此生端。内外交讧，自然之势，西人至愚，亦当见及，岂肯将自己商务闹坏？况派一兵轮入江，雇用带水约在千金，决亦不愿浩费。实因北方商、教已吃大亏，不能不预为保全耳。"

岘曰："尔所论甚是。应如何处置，最为尽善？"

钧曰："愚见宜速电各处地方官，凡有教堂之处，多派兵差，与之严防。如有闹教，为首者就地正法，从者格杀勿论。不能通电之处，即以六百里札饬。紧要如金陵鼓楼、汉西门，教堂林立之处，多派勇丁保护。镇江、芜湖、九江、汉口等处，更宜多派营勇。果能慎密严防，则西商、教士自然安枕，必函告该国领事，兵轮自然少来矣。"

岘曰："尔所论确中要领。"

当时即命稿案陈某、司书张某，立即拟电备文，速行各属。分咐毕，又言曰："如此或可放心矣。"

钧曰："仍有稍不放心者。镇江七濠口、瓜州一带,有枭匪徐老虎,匪党甚多,能将其招抚最妙。"

岘曰："不知能就抚否?"

钧曰："只要予以功名,优以差使,谅必可行。"

岘曰："究有何人可当此任?"

钧曰："前宁、沪往还,与一副将欧阳成松同舟,每到镇江,必有徐匪党来船会谈。有一次有两人身长雄壮,来船拜谒。去后,钧异之,问欧阳:'此必是好汉子。'欧阳曰:'此即徐老虎左右手也,吾辈缉捕之人,非与若辈交接不可云。'"

岘曰："足见尔处处留心。既如此,即命武巡捕周某查欧阳副将现在何处。"

顷刻周巡捕回禀,前月已赴引矣。钧曰："欧阳既赴京,请即密电黄宫保,定可办到。"

于是岘帅起立拱手曰："和甫老弟,我自在粤东相识,借重大才,相助为理,迄今忽已念余年矣。尔开缺沪道时,我忿极,急欲将尔保送引见,尔不愿意;嗣欲奏留,尔仍见拒。尔曾云不愿当差,亦不领取薪水。我在此一日,尔亦决不他去,如有外交要事,随请随到,以备顾问。言由在耳,想尔未忘。此次北方闹出如此重大之事,牵动南方,想当如约相助。况尔素称血性,更不忍使我老年人遇此惊险。即以尔我交情论,已二十余年,当亦谊不容辞,请公毋在上海安逸,应慨然前来相帮为是。"

钧曰："士为知己者用,况受老帅栽培,饮水思源,何敢忘德?且受国恩既优且渥,一息尚存,岂能忘国? 如有事差遣,汤火在前,亦所不辞。"

岘曰："好极,是极。足见尔热心念国,殊为钦佩。既如此,请明日前往镇江、江阴,转致黄芍崖宫保、李寿亭军门,将尔今日所言,痛切转告。万勿听李鉴堂之言,阻止兵轮,致生事端。若果擅专,吾必以军法从事。尔言论最透,亦可往谒李鉴帅,畅陈一切,何如?"

钧曰:"黄、李两军门当即遵命往见。惟李鉴帅乃固执不化之人,即使痛切畅陈,未必肯听,徒费唇舌,不愿往见也。"

岘曰:"既如此,听公之便。我即谕知筹防立派轮船,请公束装,明日前往,一切全仗大力维持。"切恳再三,足见岘帅虚怀下士,令人感佩,遂禀辞回寓。

夕阳西下,宪檄飞来,展阅乃奉委总理长江营务处,联络各国,调和诸军。次早,上院谒见。岘曰:"昨尔所论一切,深得我心,胸中一块石为良言销化矣。数夕不寐,昨晚得以安枕,今偏劳辛苦一行。至招抚徐老虎,亦系要着,可请与黄宫保商酌。务望今日即去,事机迫切,想公亦必乐代吾劳也。"

钧曰:"此等事,刻不容缓,岂可延搁?不过尚有应陈之事。"

岘曰:"请言之。"

钧曰:"昨回寓,闻外间钱铺已不出票,典当停质,恐市面必有妨碍。"

岘曰:"尔意如何?"

钧曰:"莫若传两县查明,如有私枭、强盗之类应办者,提前惩办,每日正法一二,以定人心。"

岘曰:"所言甚善,立即传两县。"钧即禀辞。

岘曰:"大局之安危全仗公此一行也。"回寓,午餐毕,立即登舟。

晚至镇江,李军门接岘帅电,已到镇江相候。是晚,黄宫保、李军门公请于招商局,详告一切,均甚谓然。于是黄宫保密遣人招抚徐老虎,一切商妥。次日,李鉴帅由江阴取道镇江,由清江北上。黄、李两军门均往谒见,并劝钧亦往见。钧曰:"此种固执不化之人,不愿往谒。"两军门再四请同往谒,遂往见之。所论多庸误之言,殊不值识者一叹。退后,钧为两军门曰:"论鉴帅之忠心,殊属可嘉。奈何不达时务,所谓愚忠,将来必误国也。"

在镇商办两天,初三回宁谒见。岘帅曰:"偏劳费心辛苦往返,殊抱不安。我自尔去后,即传两县,照尔所言办理,每日必正法一二盗犯,以定人心,尔知否?"

钧曰:"阅门报已知之矣。"

岘曰:"仍须相劳,往上下江查各营布置,如何?"

钧曰:"当遵宪谕,但闻沪上中外人心甚乱,须命沪道向各领事立约,力肩南洋一带保无匪人扰乱方妥。"

岘曰:"此事诚然。昨有信与余道已略言之,尔能前往商办否?"

钧曰:"此事只须沪道向各领事商之便可,今既往上下江巡查各营,亦系要着,请另派他员可也。"

即日前往各营巡视,于六月半后,由江阴回,谒见。岘帅曰:"前云立约保商一事,接沪道及盛京卿电,已邀各领事商妥矣。我此间亦派陶道前往襄同办理。"

钧曰:"好极。"

岘曰:"昨闻联军如进京师,有必与慈上为难,力举亲政之说。果尔,天下事尚堪问耶?"言未毕,泪随声下,钧亦感而流涕。

岘曰:"有何法以解之?"

钧曰:"此事亦颇有所闻,然解释似非易易也。"

岘曰：“公何不赴沪一行，相机而作？”

钧曰：“可，但钧仍有可虑者。联军果齐集，必由津分道攻都城，急救各公使。一经相攻，想必势如破竹，恐求城下之盟，势有不能。愚见有两策，一则速电京，请降谕先将端、刚、赵诸公交刑部，以平敌忿，以免攻入都城，生民涂炭，丧失财产，且城下之盟尚可有望。二则从速密派能员，游说各国。窃意各国使臣受此困苦，恨我既深。各公使报告其政府，必加百倍诽谤我国。各国政府若听公使一面之词，将来种种要挟，固不待言，赔款亦自必多。曷若从速密派能员游说，将此次祸始实由历年教民欺压平民，教士袒护教民所致，使各国稍知。各国士大夫中，亦多有不信教者。即如法国现在之总统，似不以传教为然，不过教权甚大，敢怒而不敢言。若我有人游说，凡各国不信教之人，必有议论。夫当今时局，一大战国之时局也。战国时用苏、张游说，钧常谓须仗舌辩，较之今日尤难。”

岘曰：“今各国文字不同，语言各异，何以反易？”

钧曰：“今各国新闻日报盛行，如能派游说之人，先到欧洲英、法等国。如伦敦之《泰吾士报》，日销百万纸。游说之员抵英，即设法与该报馆主笔加意联络，切实陈言。请主笔将我国之苦衷，传教之有碍，教士之横行，著为论说。余如法、德、意、奥、美、俄等国，亦均密托其最著名之报馆，痛发议论，登诸报章。使各国政府知彼国传教无益，平素不喜传教之士，必有一番清议。不但将来赔款要挟可减，即传教一事，亦可设法更张。计自与各国通商以来，凡与外国开衅，大半由教案而起。若传教一事不能从速改章，万无安谧之日。况恐此次将来和议之后，传教以及教民之气焰，更不可问。若地方官畏葸无能，只有事事迁就。教士曲我平民，将来一朝之怂,恐必较此次北方尤甚也。"

岘曰:"所论诚然。果派游说,需费几何?"

钧曰:"约在十余万金。"

岘曰:"筹此费虽不难,恐政府未必愿意。"

钧曰:"各国因战交通报馆,浩费百万者甚多。果借此番游说,能使将传教一事改章,虽费百万,亦尚值当。中国往往因省小费,致误大事,钧窃痛之。此乃斧(釜)底抽薪最善之法,盖此时无所谓变法,只要事事复古,便是维新。游说一事,古既有之,最宜仿行,能请奏明,钧宁毁家变产,愿报效二三万金,以成此举。"

岘曰:"尔之一片热诚,殊深钦佩。此事稍缓再议,仍望尔赶紧赴沪,竭力解散浮议。此为第一要义,惟望偏劳速往。"

钧曰:"当此国事垂危,正臣子竭忠尽智之时,无所谓劳,虽汤火在前,亦当报效。既承宪谕谆谆,明早附商轮前去。"于是即辞赴沪。

到沪后,适日本领事小田切君偕某顾问官到访。晤谈之下,小田曰:"今北方闹出如此大事,恐瓜分之局在所不免。我政府急甚,欲竭力相助贵国,恐贵国官绅、商民未必肯信。贵道见识最广,究有何法能使取信贵国?"

钧曰:"贵总领事以我国无人见信,诚然。伏思甲午之役,我国深受重创,食毛践土之人,思之犹有余恨,何能信贵国肯遽然相助之理? 惟鄙人则深信贵国确实真心,欲竭力相助我国也。"

小田曰:"何以贵道又竟能如此深信?"

钧曰:"贵国虽强,气魄似乎尚小;敝国虽弱,气魄尚大。果中国势成瓜分,试问异类白种,能甘愿贵国雄掌亚洲耶? 贵国之不能不扶助中国者,唇亡齿寒之谊也。"

小田曰："贵道所论，诚然至当，我政府亦凛于唇亡齿寒之谊。今既如此，何以教我？"

钧曰："据我愚见，八强与我一弱为难，不但不能瓜分，所谓天之成全中、日两国之交谊者，在此一举。"

小田曰："何以言之？"

钧曰："此举如贵国处置得当，自此以后，尔我两国之交，如胶如漆，甲午之嫌自可释矣。"

小田曰："照贵道之意，何以处置尽善？"

钧曰："此次联军北去，贵国调兵最多，闻已有二万抵津，较诸他国数倍。兵多自能主张一切，千万勿照他国宗旨。风闻有某国欲到京后即与荣相、李总管及慈上为难，必得今上亲政。果尔，可谓维恐天下不乱，恐刘制台势必欲拼老命矣。试问慈上听政数十年，毫无失德，所有各省当道，多半由慈上拔用，果使稍有为难，何能甘休？天下岂不大乱耶？"

小田曰："即使他国有此宗旨，我政府断不附和。贵道有何善法，请明以相教？"

钧曰："依我之见，此次联军北去，必势如破竹。倘兵临城下，两宫并未举动，务宜从优保护；如果两宫西幸，万勿穷追。贵政府能电北方统兵如福岛、山口诸将，第一务宜先行保守皇宫一切，毋得损失。第二纪律严明，勿伤害人民，保护绅商财产等事。倘皇宫保全，则两宫回銮有日；倘皇宫稍有损伤，将恐势成偏安，与中国大局不堪设想。如贵国能保守皇宫无失，不伤害人民，保护官绅、士商周密，则贵国真心助我之名，可大白于天下。两宫回銮之后，固深感贵国之情。从此我国武备、水师、教育，均赖贵国。尔我两国之交，如同怀兄弟一般，中国富强自可操券，所谓天之成全中日两国者在此。况中国非闹至焦头烂额，万无变法自强之理，此则古人所谓殷忧启圣，多难兴邦也。且愚见以为，现在各国之有关痛痒于我国者，即贵国与英国耳。然贵国则痛，英国则痒。何以言之？英之商务极重，虽非同洲，然沪、粤各通商码头，英国商务最多。其属地，则近如香港，远如新加坡，商务亦最烦重。倘中国大局一有变生意外，英之商务必大有妨碍，所以有关于痒也。若贵国，则与我国同种同文。果中国为白种分割，有唇亡齿寒之关系，非痛而何？鄙人与贵总领事相交最深，每谈论彼此国家之事，贵总领事忠耿热诚，良深钦佩。今日用敢直陈，想贵领事亦当鉴我苦衷也。"

小田曰："贵道今日所谈，直捷畅快。以上所言，想我政府与贵道必有同情。然而贵道今日所言，亦当电达吾政府也。改日再谈。"于是握手言别。

记坚阻印兵至沪登岸不果事

二十六年庚子七月二十日，申初，拜会英提督西摩及英霍总领事。寒暄毕，西曰："昨南洋大臣致贵道之电，已阅过矣，未知贵道曾带此原电来否？"

钧曰："本道以为昨已译送贵提督阅，故未带原电。"

霍领曰："我已抄出矣，毋庸再阅原电也。"

西曰："我不解南洋大臣前后意见不符。此事本提督与南洋大臣本已商量明白，南洋大臣亦深以为然，何以忽改前议？"

钧曰："此事不但督宪当贵提督会议时，深为愿意，即贵提督去后，尚为同僚言及。贵国调兵驻沪保商，不但我地方官省却时时虑及流氓扰乱租界之事,亦可以增租界外华兵之识见,殊深欣慰。岂知商议之后,忽然谣言四起,均以贵国已调兵数千,拟踞上海,然后再扰长江,以致沿江不免风鹤之惊,各口人心异常震动。督宪恐匪徒借此乘机生事,因此不能不请贵提督阻止印兵不必来沪,盖有深意存也。"

西曰:"本提督只闻华人因印兵到此,异常欢喜,确未闻华人有不愿印兵来沪之说。且工部局濮兰德曾请沪上各会馆董事问明,均愿意多调印兵驻沪,商民得以安枕无忧。"

钧曰:"不然。既已华商均喜印兵多调驻沪,何以各帮董事,有公禀道台照会请阻洋兵勿来之举?"

霍曰:"闻此等公禀,乃余道台授意,并非出自华商本心。"

钧曰:"授意之说,有何根据?"

霍曰:"外间皆言之确凿。"

钧曰:"不然。"

西曰:"贵道何以谓为不然?本提督知上海上、中、下三等人,上等人无不以印兵到此为喜,中等人迁回乡里者其半,下等人之谣言则全不足畏。"

钧曰:"贵提督以上等人均喜印兵到此者,诚有之。盖凡殷商富户,此地有恒产者,想必均愿印兵驻沪,借以安享其利。抑知上、中、下三等人,每万人,中、下等人有九千九百七十人,上等人仅三十人而已。以三十人之口,何能杜九千九百七十人之口?贵提督以下等人谣言不足畏,殊不知最可畏者系下等人。"

西曰:"何以言之?"

钧曰:"下等人一万之中,车夫、小工居其六,游手好闲流氓之类居其四。此种游手好闲流氓之类,无事尚且时时欲生风潮,最好造言生事。故今印兵未到,已有许多谣言,若印兵登岸虽只二千,竟可谣言一万、两万。"

西曰:"若辈何必造此谣言?"

钧曰:"其故意造谣者,盖欲借此生事耳。上海谣言已起,必致散布长江一带,则长江匪类亦必借此生端。诸多可虑之事,若督宪非因谣言四起,又何必遽改前议哉?"

霍曰:"以本领事观此谣言,未必实有其事,想由美、法领事唆耸故耳。"

钧曰:"不然。督宪遇事最为镇定,向不轻信谣言,且胆识超迈古人,思深虑远,尤为人所不及。"

西曰:"本提督亦钦佩南洋大臣胆识超群,但谓英兵到此,致生谣言,似乎毫无影响。且本提督由宁回沪,即闻地方官有不愿印兵到沪之说,足见谣言皆地方官所造,并非出自商民。不然何以本提督与南洋大臣甫议调兵驻沪,即为外间商民所知? 竟能如此其速也。"

钧曰:"此种谣言贵提督尚未南来以前即有。贵国调印兵来沪之说,各报亦曾言之,且尚有谣传本埠西商电请国家调一二万兵来沪之说。不过虽有此谣,人皆疑信参半,自贵提督南来赴宁面商督宪之后,谣言日甚,一似确凿可据。"

西曰:"究竟有何凭据?"

钧曰:"谣言本无所凭。岂霍领事所云,余道台授意商民公禀,及英(美)、法领事唆耸,亦有凭据耶? 但本道则信外间谣言,确系有因。"

西曰:"究有何因?"

钧曰:"既如前礼拜,我家妇女急欲迁往别处,因有家人女仆外

间传闻英兵将到,必要开战。此间既非乐土,故思迁地为良。本道
虽再四开导,以西兵到此保商,我们更可安枕无忧,何畏之有?奈
何家人妇女竟不能信,且有因畏急流涕者。本道复以我们并非平
民,若果迁去,骇人听闻,谣言必致更兴,迁者尤众,市面大有关碍。
我们既是做官,即使地方有生变之事,亦只能听其自然。虽言之切
实,而其畏惧之心至今尤不能释。我们官宦之家,妇女尚且如此畏
惧,而况彼平民之家耶?此岂非是谣言确有其事耶?况贵国调此
二千兵,谣言竟致如是,倘法、美、日等国步贵国之后尘,岂不更
甚乎?"

西曰:"本提督可杜别国不再调兵,似可毋虑。"

钧曰:"虽贵提督可杜别国不再调兵,亦不相宜。津沽前车之
鉴,不可不慎也。"

西曰:"今印兵已到,总兵官亦在此,现已择定杨树浦驻兵,拟
明日登岸,如必得阻止,万万不能从命。"

钧曰:"贵提督既不见允,本道亦难再说,但试问能减少乎?"

西曰:"不能。"

钧曰:"能分十数日陆续登岸乎?"

西曰:"陆续登岸,更不相宜。"

钧曰:"若二千人一起上岸,尤为骇人见闻。"

西曰:"何以见得?"

钧曰:"若今日一二百,隔日一二百,其人数固一望而知。如一
二千同时登岸,居民见此多众,以为无数,必致谣传数千之多,与分
期登岸不同。"

西曰:"贵道所言甚是。"

钧佯叹曰:"今日本道切实相劝,未蒙贵提督允诺,以致辜负宪

委,殊深惭愧。但贵提督及各洋商,辜负督宪一片保商苦心,不免使他省当道灰心,良可憾耳。"

西曰:"贵道何以言此?"

钧曰:"自督宪派余道台定约,力认保护内地各口岸西商财产之后,严饬地方官保护教堂,无微不至。如果定约之后,有匪犯扰及西商财产之事,贵国调兵保护,固尚可说。今西商、教士,相安无事,贵国仍调兵到此,岂非不信督宪? 抑督宪保护不周,故贵国不能不调兵耶? 然督宪待各国以诚,反致不能见信,实与督宪面子太下不去。似此,无怪谣言日甚,将来恐不免京中当道之固执者,贻笑督宪。诚所谓天下本无事,庸人自扰之也。"西摩闻钧所言,即以片纸书字数行,出示霍领事,而霍领事亦写数行,复西摩。

嗣西摩曰:"本提督若非南洋大臣商定,亦断不擅调。既经商定,兵已到此,何能相阻? 贵道以我国调兵来此,辜负南洋大臣苦心,并与南洋大臣面子太下不去。试问我国兵已到此,不准登岸,忽然他去,传布欧洲,岂不与我英国面子更难堪乎?"

钧曰:"不然。贵国之兵到此,非我国以兵力相阻,亦非以权力相挟也。况贵国强,敝国弱,乃因人心浮动,贵提督听督宪相劝,体谅督宪苦心。若印兵能邃然而返,人皆以贵国虚心重交谊、顾大局,佩服不遑,何致面子有难堪之处?"

西曰:"贵道真善于解说。如果兵不登岸,当此暑热,岂不将二千兵必致热死? 可谓自甘坐以待毙。此时实不能遵南洋大臣之命,想贵道亦当见谅也。"

钧见如此切实磋磨,仍属不能动听,因复绉眉嗟叹曰:"本道尚有私心之语,万难出口,而不忍出诸口者,奈何奈何!"

西曰："贵道有何难处，不妨密示。"

钧曰："今我政府，政出多门。此番督宪置爵禄于不顾，竭力保全南省大局、西商财产诸事。政府中有一二固执之人，深不谓然。不过督宪威望素著，天下人皆仰之如泰山北斗。固执者虽欲害之，无隙可乘。若果此次准贵国兵登岸，虽系二千，将来谣传到京，必说一二万。京中当事若听谣言，难免言官参劾，一经参劾，固执之流有所借词，竟可言督宪枉作好人，竭力保护西人，反致引虎自卫，既不能保守疆土，敌兵到此，听其登岸，有心纵敌。如以此罪加之，自后何人再敢保护西人，试问贵提督心果安乎？"

西曰："若贵国朝廷果有此事，我们各国断不答应。"

钧曰："各国虽不答应，恐不及矣。"

西曰："南洋大臣权力如此之大，果朝廷无故罪之，何甘听命？"

钧曰："督宪素性忠耿，虽汤火在前，亦不稍避。凡大臣之忠正者，皆不敢稍逆朝命，此即遵守孔圣之教道也。"

西曰："孔圣教应如此乎？"

钧曰："圣人云：'事君能致其身。'此身既当致诸君上，安有违逆朝命之理？所以本道阅历地球一周，见各国民风，均不能如我国循朴者，孔圣教之力也。"西闻钧言，颇觉眉绉，又以片纸写数行出示霍领事。阅过，霍领事又复数行。盖因知钧谙西语，故彼此以笔墨相示，使钧不知也。

西曰："贵道所言，真能使人死者说活。既有关南洋大臣诸多为难，本提督愿听良言，减少一半登岸，可乎？"

钧曰："承贵提督减少，奈尚有一千，仍难杜绝谣传。最好能遣印兵他去，不但督宪感激，即沿江官绅、商民，亦感贵提督大德也。"

西曰："贵道要本提督将兵遣去，然既由印度远道而来，从何安顿?"

钧曰:"本道想安顿之法甚易。"

西曰:"请言之。"

钧曰:"今贵国威海驻防之兵,已分遣攻京、津,何不以此印兵填扎威海,岂不甚妙。"

西笑曰:"贵道真善于部置。"

总兵官与霍领事亦笑曰:"贵道台确系能言,无怪乎南洋大臣请贵道来作说客也。"

钧曰:"本道不敢作舌辩之人,不过自办理交涉将及三十年,遇事推诚布公,为各国官商所见信耳。"

总兵官曰:"可谓名不虚传。"

钧曰:"我今愿作个中间人,请贵提督只以数百兵登岸,何如?"

西曰:"既如此,即遵贵道之议,只派四五百兵登岸可也。"

钧曰:"承贵提督、领事见诺,感激莫名。但虽酌调四五百上岸,仍请分期为妙。"

西曰:"此节尚好商量。"

钧曰:"一言为定,本道即电禀督宪。"

西曰:"自然。惟请贵道电达南洋,速电罗钦使,转告我们外部。以本提督因顾全大局,与贵道通融办理,故只派兵数百上岸,南洋大臣亦甚心愿云云。"

钧曰:"本道回寓即当发电,照此禀陈。但本道礼拜四即欲回宁,不能奉邀一叙。"

西曰:"俟贵道回沪,必来叨扰。但贵道回宁,见南洋大臣,代为问好,并言我们以后如遣兵轮驶入长江,乃调换兵轮之班,切莫疑虑。因我们兵轮凡驻各口岸一两月,必得调换水土,若使久驻,恐兵患病之故，务必详告南洋大臣为要。"

钧曰："必定说到。惟得贵提督与督宪彼此同心，维持南省大局，实南省地方之福。且愿贵提督能予我全面，将兵速遣他去，不使一兵登岸，则尤深感贵提督厚情。盖本道愚见，似不必遣此数百上岸，尤为得体。不但可杜绝此间浮言，即各国亦无猜疑之处。若能再予推情，斯真尽善尽美矣。"

西曰："似无不可，今晚再当斟酌。但望贵道早日回来。"

钧曰："不过一礼拜，必可回沪。"

时已酉正，遂握手言别。西、霍及总兵官同声祝："贵道平安，顺风相送。"登车回寓，已酉正二刻矣。

此事闻西摩提督与总兵官等商酌，定于念二日七点钟，将二千兵悉由原船展轮北去。念一日，有余司马谒见余道台，禀称："西摩遣印兵来沪，我等商办半月，竟未邀允。今蔡道台来此商办，西摩慨然允诺。闻所有之兵明早展轮他去，果尔，则与我们面子太下不去。"余道台曰："如何办法？"余司马曰："我可邀某西友向英商总会设法阻止。"

嗣经余司马及某西人竟向总会西商煽惑，以致西商公电英京，政府转命西摩提督，万勿将已经到沪之兵遽移北去。故二十二日七点钟，兵船已展轮北去。十点钟，西摩接政府来电，命该提督万勿将印兵遽离上海。西摩乃遵政府之命，急遣水雷炮轮追赶，于二十三日将印兵追回。

钧闻此，不禁浩叹，足见办事之难。以前所办交涉之事，类此功败垂成者数次。往往吾国官场，因顾面子，竟置大局于不问，使任事者足为寒心。故钧任外交念余年，不畏西人之狡，深畏同寅之忌也。

图书在版编目(CIP)数据

外交辩难／(清)蔡钧撰;张晓川整理. —上海：
上海古籍出版社，2020.7
(近代中外交涉史料丛刊)
ISBN 978-7-5325-9603-4

Ⅰ.①外… Ⅱ.①蔡… ②张… Ⅲ.①外交史—史料
—中国—清后期 Ⅳ.①D829

中国版本图书馆 CIP 数据核字(2020)第 066629 号

近代中外交涉史料丛刊

外交辩难

蔡　钧　撰

张晓川　整理

上海古籍出版社出版发行

(上海瑞金二路 272 号　邮政编码 200020)

(1)网址：www.guji.com.cn

(2)E-mail：guji1@guji.com.cn

(3)易文网网址：www.ewen.co

浙江临安曙光印务有限公司印刷

开本 890×1240　1/32　印张 7　插页 3　字数 157,000

2020 年 7 月第 1 版　2020 年 7 月第 1 次印刷

ISBN 978-7-5325-9603-4

K·2831　定价：38.00 元

如有质量问题，请与承印公司联系